〈生活－文脈〉理解のすすめ

他者と生きる日常生活に向けて

著
宮内洋
松宮朝
新藤慶
打越正行

北大路書房

まえがき

蒸気機関車がトンネルを抜けると、窓から放り投げられたいくつかの蜜柑が空から降ってくる。
幼い子どもたちが手を一杯に広げて、その蜜柑を受けとめる。

芥川龍之介の短編小説「蜜柑」を一度でも読んだことがある方は、こういうシーンがいつでも脳裏に再生されるのではないでしょうか。

このシーンが作家の想像力の産物ではなく、実際に作者である芥川龍之介自身が体験したものであるということはあまり知られていません［＊1］。このシーンが現実のものであることの証でしょうか、この「蜜柑」の一節を記した石碑が建てられています。どうやら実際にはこの場所で蜜柑が放り投げられたわけではないようなのですが、ＪＲ横須賀線の横須賀駅と田浦駅との間にある吉倉公園内に「芥川龍之介の文学碑」があります。【図０・１】は、わたしが実際に現地で撮影したものです［＊2］。

東京駅から向かうと、川崎、横浜を通って、三浦半島にかけての沿線付近は、軽自動車がようやく通

図0・1　吉倉公園内にある「芥川龍之介の文学碑」（2022年10月筆者撮影）

ることができるかどうかといった狭い道がまるで毛細血管のように通されています。先の吉倉公園も、そのような道の先に突然視界が開けて、姿を現します。その右奥の隅に、文学碑はひっそりと建てられていました。芥川也寸志と芥川瑠璃子の名のもとに植樹されたらしい蜜柑の木が文学碑の横に植えられており、わたしが訪れたときには図ったかのように蜜柑がいくつも実っていました。文学碑のすぐうしろにはＪＲ横須賀線が通っており、列車が規則的に行き交います。そのうしろには東京湾が広がっており、海上自衛隊の船舶が停泊し、小さな船がそのまわりをせわしなく動いていました。線路内への立ち入り禁止は当然ですが、そのすぐうしろは海上自衛隊の敷地になっており、こちらもまた立ち入り禁止になっていました。

　文学碑から少し離れてぼんやりと眺めていると、ひと組の親子が文学碑のもとに軽やかに進んでいきました。すると、とても自然に文学碑の横の枝から蜜柑をもぎ取りました。降園したばかりの園児と思われる子どもは、わたしのほうにやってきて、この蜜柑を食べるようにとすすめます。そして、わたしのついている杖を指差し、「これ、やりたい」とわたしを困らせました。

芥川龍之介の「蜜柑」を記念した文学碑は、地域の人たちが日頃からよく集う吉倉公園内にあり、誰からも忘れ去られている存在ではなさそうでした。

それでは、この文学碑が建てられている、芥川龍之介による「蜜柑」という一つの短編小説を紐解きながら、他者の言動を理解する際に、わたしたちが陥りやすい問題について少し考えていくことにしましょう。

「蜜柑」における〈私〉の心の状態

まずは、短編小説「蜜柑」を簡単に紹介しておきましょう。英語教官という職を辞し、大阪毎日新聞社の社員として契約した二七歳の芥川龍之介によって、一九一九年（大正八年）に『新潮』五月号に発表された「蜜柑」は、その後「国語」の教科書に収録されたこともあり、芥川作品のなかではかなり知られた短編小説の一つです（浅野・芹澤・三嶋編 2000; 関口・庄司編 2000）。芥川龍之介が実際に冒頭のシーンを目にしたのは、大学卒業後に横須賀海軍機関学校の英語教官として働いていた際に、横須賀線で通勤していたときのことだと推測されています。

初出においては「沼地」という作品とともにまとめられて一つの作品「私の出遇つた事」として発表されたのですが、のちには独立した短編として編集されています。その本文は、全文をこの場で引用することができるのではないかと思えるほど短いです。あらすじをあえてまとめると、あとから列車に飛び乗ってきた一人の女性に対する主人公〈私〉の感情が、その女性のある行動を目撃することによって大きく変容するというものです。

この作品のなかの〈私〉は詩人である、いや芥川龍之介本人であるという論を目にしますが、少なくともこの「蜜柑」という短編のなかにおいてはなんら説明がないので、ここではたんなる一個人である〈私〉としておきましょう。別の言い方をするならば、作家の私小説として読むという行為から、ここではいったん自由になっておきましょう（同一視させるのは芥川自身の仕掛けとも指摘されていますが）。この〈私〉には名前も、職業も、そして実は、性別も明記されてはいません。〈私〉はとにかく苛立っており、ひどく陰鬱な様子のみが執拗に示されています。

主人公である〈私〉が、一人の女性と出会うことから、この物語は始まるともいえるでしょう。発車直前の列車に飛び乗ってきたこの女性に対して、〈私〉は以下のような表現を用いています。
①「油気のない髪をひっつめの銀杏返しに結って、横なでの痕のある皸だらけの両頬を気持の悪い程赤く火照らせた、如何にも田舎者らしい娘だった」

②「しかも垢じみた萌黄色の毛糸の襟巻がだらりと垂れ下った膝の上には、大きな風呂敷包みがあった」
③「その又包みを抱いた霜焼けの手の中には、三等の赤切符が大事そうにしっかり握られていた」
④「私はこの小娘の下品な顔だちを好まなかった」
⑤「それから彼女の服装が不潔なのもやはり不快だった」
⑥「最後にその二等と三等との区別さえも弁えない愚鈍な心が腹立たしかった」

舞台の時代設定を考慮に入れても、〈私〉はこの女性（以降は「少女」と記します）に対して、少なくとも好意を持ち合わせてはいないと解釈ができそうです。だからといって、〈私〉にとってその少女は無視することができない存在であるようで、その少女の一挙一動が〈私〉の感情を逆撫でするようなのです。物語はこれで終わりません。その後、その少女は、〈私〉が信じられないような突拍子もない行動を起こすのです。うつらうつらし始めた〈私〉は、「ふと何かに脅かされたような心もち」がして目覚めます。すると、汽車がまさにトンネルに入ろうというときに、向かいに座っていたはずの彼女は〈私〉の隣にやってきていて、なんと汽車の窓を無理に開けようとしていました。その少女の行動が、〈私〉にはまったく理解できないようでした。汽車——正確には蒸気機関車——は、石炭などを燃料にして、もうもうと大量の煤煙・ガスを排出しながら走ります。トンネル内で窓を開けてしまうと、車内にその大量の煤煙・ガスが流入してしまいます。ですから、当時においては、トンネル内で窓を閉めるのは常識でした。

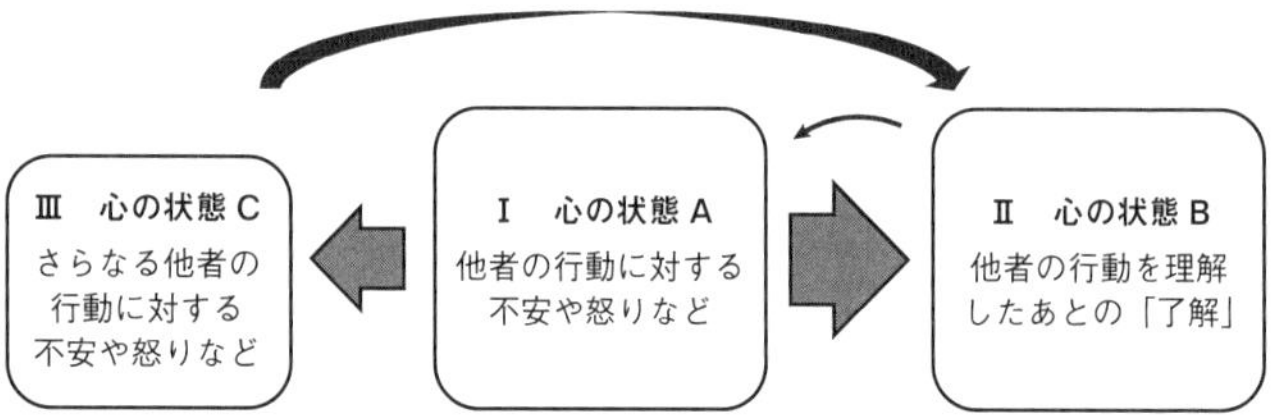

0・2　主人公〈私〉の心の状態の移行

汽車がトンネルに入ると同時に、悪戦苦闘していた少女はようやく窓を開けることができました。その結果、車内には煤煙が充満し、「元来咽喉を害していた」〈私〉は息もつけないほどに咳込むことになってしまいました。おそらく〈私〉の怒りは限界にまで達していたことでしょう。しかし、少女は苦しむ〈私〉を顧みることなく、トンネルを越えた「いづれも見すぼらしい藁屋根や瓦屋根がごみごみと狭苦しく建てこんで」いる町はずれの踏切の柵の向こうに立っている男の子たちに向かって、開け放った窓から身を乗り出して蜜柑を放り投げたのです。この少女の行動を見ることによって、〈私〉の怒りはおさまったどころか、深い憂鬱がたとえ一瞬であっても消え去ったかのように物語は終わります。

　この結末部について、〈私〉の心の移り変わりという点からみていきましょう。すなわち、【図0・2】のように、（Ⅰ）トンネルに入ろうとするにもかかわらず無理に列車の窓をこじ開けた少女に対する〈私〉の不安と苛立ちという〈心の状態A〉から、（Ⅱ）小さな男児たちに蜜柑を投げるために窓を開けたのだと理解したあとの〈私〉の了解という、安定したかのような〈心の状態B〉への移行の物語としても、この短編を読むことができます。つまり、「蜜柑」という作品は、（Ⅰ）から（Ⅱ）へという、一人の少女に対する〈私〉の心の状態の移行の物語という説明もまた可能であるかと思います。

「みずからとは異なる」と感じた人たちへのまなざし

短編小説「蜜柑」の主人公の〈私〉は、少女が蜜柑を放り投げるという行為によって、すべてを了解したようですが、それ以前は、少女に対して侮蔑の感情を抱いていたようです。前節の①〜⑥は、〈私〉が感じ取った少女のネガティブな側面の一覧といえるでしょう。

ここで、物語の世界からわたしたちが生きる現実の世界に視点を変えてみましょう。わたしたちは、この物語と似たような情景にかなり頻繁に遭遇していることに気づくかもしれません。わたしたち自身も、主人公の〈私〉と同様の（Ⅰ）のような心の状態にあることは多いのかもしれません。先ほどの①から⑥までの少女に対する表現を思い返してみてください。⑥を除いて、顔つきや服装といった外観からの判断によって、しかも主人公の〈私〉よりも劣った者であるという、すでに固定されたフレームで切り取った結果の侮蔑的な表現がなされています。まさに「偏見」と称されるような、他者に対する見方でしょう。見知らぬ他者をこのように、みずからよりも劣った者であるというフレームによって、そこに適合するような情報のみを拾い集めた挙げ句、その他者の行動に不安を覚えたり、憤りを感じること。「蜜柑」における主人公の〈私〉とは、わたしたち一人ひとりのある日の姿とはいえないでしょうか。

さらに、「みずからとは異なる」と考える人たちに対しては、その人たちのことを知らなければ知らないほど、その「まなざし」はよりいっそうきびしく強くなるものなのかもしれません。さらに、どこかしらからみずからでは気づかぬうちに刷り込まれてしまった、誤った情報が影響を与えているかもしれません。わたしたちは他者の行動を見る際に、すでに身体化されてしまっているみずからの文化の価値観を基準にして判断することが非常に多いようです。まさに、文化人類学領域で用いられる「自文化中心主義（ethnocentrism）」の態度といえるでしょう。

それを端的に表している一例が、一九八〇年代後半ごろに国外から移住してきた人たちとその地域に以前からずっと住んできた人たちとの間で生じていた当時の日本社会での「トラブル」でしょう。当時の日本社会、いや正確には東京都内の家賃が安い地域を中心に、バブル経済期の労働力不足を背景に、国外からの移住者が増大していました。そのようななかで生じていた地域内の「トラブル」です。例をあげてみましょう。

A「外国人はもう来ても相手にしないね。どこの店もそうだ。値段だけ聞いて買わずに帰っていくんだから。例えば、四〇〇〇円の物が中国なら七〇〇〇円か八〇〇〇円だなんていう、ひやかしがほとんどだ。とくに上海の人が多い。それにゴミの出し方一つとっても、彼らは曜日に構わず捨てるし、燃えるもの、燃えないものの区別もしないで捨ててしまうので、大変迷惑している」（商店街役員・男性・五〇歳）

B「…暑くなると、脇の公園へ寮の人たちがパンツ一枚で出てきて、たむろしているなんていうことがあった。とにかく近所の奥さん方がそこを通れなくなるし、第一そんな格好で夜中の二時三時頃までいるんだからたまらない」(町会長・男性・六六歳)(奥田・田嶋編 1991)

これらは、奥田道大を責任者とした「立教大学社会学部都市社会学ゼミナール」の調査チームによって一九八八・一九八九年度に実施された調査で出された話です[＊3]。

これらはめずらしい話ではなく、この時期の「外国人」住民に対する苦情ではよくみられるケースでした。前者Aについては、海外から来た人たちの自文化圏における通貨の価値、そして商取引におけるコミュニケーションの相違が背景にあるでしょうし、ゴミの出し方については、この地区の細かいルールを単純に知らなかったのではないでしょうか。さらには、その細かいルールを日本語で記した文書を理解できなかったのかもしれません。一九八〇年代後半とは異なり、現在では、多くの都道府県・市町村で日常生活における重要事項はいくつかの言語で記されるようになっていますし、通貨の価値も変動しています。

後者Bについては、各々の文化における生活習慣の違いとも考えられるでしょうし、一人ひとりのプライベートな空間が保障されていないような住空間での生活(一部屋にその家族や友人が同居せざるをえなかったなど)と、冷房設備がない生活環境の問題ともいえるでしょう。

このように、他者を「悪者」にしようとすると、とりわけ「みずからとは異なる」とみなした者については、マイナスとなるような情報のみを拾い集め、いくらでも「悪者」として説明していくことが可能となります。そのことを実はうすうす感じていながらも、日頃のやるせない不満や鬱憤を晴らすために、誰かを「悪者」にして溜飲を下げようとする気持ちもまた、わたしたちは理解できることでしょう。

「了解」への推移

とはいえ、先の【図0・2】の（Ⅰ）の段階では、誰かを「悪者」にして罵りつづけるというある種の快感が生まれるかもしれませんが、実はそこでとどまりつづけることはなかなかつらいことでもあります（【図0・2】の（Ⅲ）の段階へとよりひどい状態に進んでしまう可能性もありますが）。しかし、わたしたちは小説のなかの主人公ではないので、都合よく、常に（Ⅱ）の段階に移行できて、不安や怒りが消失・解消するわけではありません。現実社会で生活する生身の人間である以上、他者の言動に対する誤解や誤認もまた避けられはしません。ならば、あえて偏ったり、誤った理解に励むことはないでしょうが、誤解や誤認を極端に恐れる必要もまたないのかもしれません。実際に、誤解や誤認を恐れるあまり、「生の姿」を見ることがなければ、誤認という行為をみずからがおこなっているという可能性に気づく機会すらも、はるかに遠のいてしまうということにもなりかねません。スマートフォンであっという間に調べ、わかったつもりになっていることはさらに危険なことなのかもしれません。重要なのは、その先なのです。

短編小説の「蜜柑」においては、少女が子どもたちに蜜柑を投げるという非常に劇的なシーンが現れたので、主人公の〈私〉は「思わず息を呑んだ。そうして刹那に一切を了解した」わけです。つまり、先の【図0・2】に沿うと、ここで〈私〉は一瞬にして（Ⅰ）から（Ⅱ）の段階に移行したわけです。ひるがえって現実に目を向ければ、このような劇的なシーンが必ずしも常に現れるわけではありません。しかし、たとえ劇的なシーンが現れることがないとしても、すべての人が（Ⅰ）の段階でとどまりつづけているかといえば、そういうわけでもないでしょう。日常生活のなかで、対象となる他者をじっとくり返し見つづけていくうちに、あるいはその他者と人間関係を築いていくうちに、あるいは自分自身で何度も何度も丁寧に調べていくうちに、（Ⅱ）の段階に徐々に移行することもまた少なくないように思われます。相手の「生の姿」を自文化主義にとらわれずに見つづけているだけでも、当初の誤認にとどまりつづけるということは少なくなることでしょう。さらには、いつの日か、劇的ではないにしても、「刹那に一切を了解」するような場面に遭遇することがあるかもしれません。（Ⅱ）の段階への移行については、心のどこかで、はたして現在の理解のままでよいのだろうかという素朴な疑問を抱きつづけることが重要なのかもしれません。

つまり言い換えますと、みずからの「まなざし」を自己反省的にとらえることによって、不安や怒りが対象化され、みずからの誤解や誤認の可能性に気づくことができ、新たな理解に推移していくこともまたあります。忘れてはならないことは、理解できるとは思えない他者であっても、まったく同じではないにせよ、生身の身体によって日常生活をおこなう存在であるという「まなざし」をもちつづけるということなのかもしれません。つい同じ人間ではないように考えがちになってしまうものです。前述の「トラブル」を語っていた先住の地域住民の方々も、来日した人たちと、地域社会での生活を積み重ねるにしたがって理解に至ったことが、奥田道大の調査チームの報告に書かれています。
そのような理解への一つの道筋として、まずは他者の日常生活から理解しようとする姿勢、同時にみずからの日常生活を客観視する態度が考えられます。このことを「〈生活－文脈〉理解」とわたしたちは名づけました。本書では、この〈生活－文脈〉を理解する試みを紹介していきます。

それでは最後に、本書の見取り図を記しておきましょう。〈生活－文脈〉理解においては、人間の発達段階は無視できないものです。第1章では各発達段階のステージにおける主に乳幼児期での〈生活－文脈〉理解について述べます。次に、打越正行による第2章（と補論）は青年期を主なステージとし、新藤慶による第3章は成人期（成人期と壮年期ともいえます）をステージとし、松宮朝による第4章は老年期を主なステージとして展開していきます。換言すると、本書は人間の各発達段階ごとにおける〈生活－文脈〉理解について述べられているともいえるでしょう。各々の章は、各発達段階を主なステージとしていますが、共通して各発達段階において人間が生きるうえで重要な側面に焦点を当ててもいます。当然のことながら、その生きるうえでの重要な側面は発達段階ごとに微妙に移り変わっていきます。第1章は「食」、第2章は「労働」、第3章は「政治行動」、第4章は「孤独・孤立」となっており、その移行に基づき、各章に接した感触も章ごとに変わるかもしれません。最後の終章のみは、一人の実在人物をめぐる著書をもとにした〈生活－文脈〉理解のある種の実践編のようになっています。

＊1　この「蜜柑」としてまとめられた物語は、芥川龍之介本人が実際に見たエピソードをもとにしており、菊池寛が実際に芥川から聞いたと述べています。ここから、主人公の〈私〉と芥川龍之介を同一視する解釈が長くおこなわれていました（篠崎 2000）。

＊2　中央の黒石に白字が彫られているのが文学碑、右横に蜜柑の木が見えます。文学碑のうしろに横須賀線を走る列車が写っています。まるで停車しているように写っていますが、実際は速い速度で走っています。最近のデジタルカメラは性能がよすぎるようです。

＊3　この調査は、主に立教大学の学生たちが、池袋周辺を文字どおり歩きまわり、一軒一軒訪問しながら調査をおこなったと記されてあります。学生たちのその様子も、奥田・田嶋編（1993）には収録されています。

付記

本章は、二〇〇四年四月に至文堂から刊行された『現代のエスプリ』四四一号（特集：ボトムアップ人間科学の可能性）に収録されていた拙稿「〈異なる文化〉を語る前に：もう一つの『蜜柑』論」（一八一－一八八頁）をもとに、原形をとどめぬほど大幅に加筆修正したものです。

目次

第4章　老年期の孤独・孤立をとおして考える〈生活－文脈〉理解――高齢者の「文脈」なき「生活」理解を超えて

終章　〈生活－文脈〉理解の視点から永山則夫の「転職」を再考する――宮内洋　157

第1章

乳幼児期の食をとおして考える〈生活－文脈〉理解

〈生活－文脈〉とは何かについて

宮内 洋

本書は，人間の発達段階における各々のステージに区分し，そのステージにいる人たちがおこなう言動を〈生活－文脈〉から理解していく試みです。この第1章のステージは，主に乳幼児期です。この時期の子どもたちの飲食という行動について，〈生活－文脈〉から理解をしていきます。さらに，本書のはじまりでもありますから，本書におけるキーワードである〈生活－文脈〉についての説明もおこないます。

まずは，よく知られている「狼に育てられた子」をめぐる記述を紐解きながら，ヒトの発達における環境について考えていくうえで重要な視点を確認します。次に，食という側面に注目して，人間の発達について考えていきます。具体的には，出産前の胎児期における栄養摂取，そして生まれたあとの母乳あるいは人工乳の摂乳，離乳しはじめる時期から「完全な自食」までの移行期の言動，幼稚園に登園するようになってからの共食などについて，これまでの実験や観察結果，あるいはわたし自身による沖縄県の離島でのフィールドワークの研究成果を用いながら述べていきます。本章のみは，他の章とは異なり，心理学などの自然科学的な色彩がやや濃いです。

1　はじめに：ヒトの発達における環境について「狼に育てられた子」から考える

　肩をうかせ、背中をもちあげて、泳ぐように足をジタバタ動かしたりもした。たぶんもう少しで、はいはいができるのだろう。ただし生後六ヶ月の今では、亀にだって追いこされてしまう。今はもがくのがせいいっぱいである。だが待っていよう。いつかこの子のほんとうにはいだすときがくるだろうから。

　ちょうどこの時期のことであった。よく日のあたる晩秋の午後、それも暮近いころ、赤ん坊の母親は野良にでかけた。なにかほかの用事も考えていたのか（あるいは野良に行くために）母親はこの小さな娘を、刈り株のなかにうつぶせにしておいた。やがて、夕やけで空が赤くなり、夕闇が畑にはいよってきた。すると、はるかかなたの大きな白蟻の塚のなかから一匹の狼が現れると、家のほうへとしのびよってきた。その姿は、さんぜんと輝く地平線上に映った狼の影法師のようにも思われた。

　それは一匹のやもめ狼であった。雌だった。狼はなにかをさがしもとめるように、鼻で大気をかいだ。村全体のにおいをかいだ後、その複雑なにおいのなかでもひときわ新しいにおい、そだちつつある動物に特有な一種のにおいをかぎあてた。狼はその目標のほうへ鼻づらをむけた。彼女のとびきり上等の嗅覚方向探知機からは、ただちに足のほうへ命令がでて、においの本元へと足が速められた。異常なまでの正確さで、狼は刈り株のなかの赤ん坊のところへやってきた。それは母狼であった。乳房はふくらみ、その目は不思議なまでにやさしかった。彼女はちょっとにおいをかぎ、あたりの様子をうかがうと、また、たしかめるようににおいをかいだ。と、びっくりするほど大きな口をあいたが、これはおどかすためにあけたのではなかった。なぜなら、まるで物をはさむ鉗子のように、静かに静かにふっくらとふたたび口をとじていき、赤ん坊のえり首のあたりを、そっとくわえたからである。

まったく鉗子そのものである。狼は手で子どもをだくことはできないが、母性ホルモンの作用でからだ全体があたたまっている母狼は、人間の女と同じくらい器用で、もの静かである。

そろりそろりと狼はもときた大きな白蟻の塚にむかって歩み去って行った。あたりはすでに暗かったが、狼はちゃんと道を知っていた。そして新しく見つけたこの人間の子を、自分の生んだ子狼のあいだに、そっとやさしくおろしてやったのである。（Gesell 1941＝1967: 30–32）

やや長い文章の引用から本章をはじめましたが、これは有名な発達心理学者が執筆した著書の一節です。発達においては遺伝の要因を重視したことで知られる発達心理学者ゲゼル（Gesell, A.）による『狼にそだてられた子』のなかの一節になります。ヒトの赤ん坊が、メスのオオカミに連れ去られる瞬間という、とても緊張感のある一節です。

さて、みなさんは、カマラとアマラという名前の「姉妹」をご存じでしょうか。

「狼に育てられた少女」といえば、高校や短大・大学、専門学校で習ったという方もおられるかもしれません。「氏か育ちか」、つまり〝nature or nurture〟の問題では今なおあげられている事例かもしれません。ヒトとしてこの世に生まれても、オオカミに育てられると行動がオオカミのようになってしまうという環境がもつ影響力の強さを物語っています。いえ、それどころか、年少のアマラ（Amala）と年長のカマラ（Kamala）の二人をオオカミの住み処から救い出し、二人ともにみずからの孤児院で育てたというシング牧師（J. A. L. Singh）による二人に関する日記では行動のみならず、二人の身体の変容までが記録されています。

歯はびっしりつまって並んでいたが、とても鋭くとがった歯があり、ふぞろいだった。目の下の四本の歯――犬歯は、ふつうより長く、ずっととがっていた。口の内は、まるで血の色みたいに真っ赤で、人間の生まれながらの色ではなかった。（シング 1977: 52）

目はいくぶん丸く、昼間は眠くて生気がないような顔つきをしていた。しかし、夜一二時をすぎると、目はカッと見ひらかれ、暗闇の中で、猫や犬みたいに青いぎらぎらする独特な光をおびた。夜中には、その青い二つの目の光だけで、あとは何も見えなかった。（シング 1977: 53）

このように、行動のみならず、オオカミに育てられると、歯は長く尖り、目は夜中に青く光りだすといった、身体の構造までオオカミに似ていくかのような様が記録されています。

さらに、彼女たちの日常生活の行動は何枚もの写真に記録されてあり、日本語版にも掲載されています。そのなかの一枚には、カマラが遠く離れた場所に鳥の死骸があることを感じ取り、そこまで走って行って、その内臓を食べているという説明が添えられていました。一九二二年九月一八日の日付が記載されている、以下の日記の文章です。

カマラは直感でもって、孤児院の宿舎から八〇ヤード（約七〇メートル）ほど離れた構外に投げすてられた鳥の内臓の所在を知り、食べているところを現行犯としてつかまった。彼女らは何かの臭いに感づいたり、物や動物や人間を確かめようとする時は、いつも鼻を宙にあげ、空中でくんくんさせ、その方向をかぎつけるのだった。また、何か食べ物を与えると、必ず食べる前に臭いをかいでいた。（シング 1977: 54）

このようなカマラとアマラの事例をあげて、ヒトとして生まれても、オオカミに育てられることによって、行動のみならず身体のつくりまでもがまさに獣になってしまう、だからこそ子どもの発達においては環境が非常に重要であり、教育は必ずなされなければならないと今もなおさまざまな場で教えられることがあります。

しかし、二一世紀の現時点においては、この「カマラとアマラの物語」はフィクションであるとされることが多いです。実は、わたしが大学生であった一九八〇年代半ばにおいても、講義ではフィクションであるとすでに講じられていたと記憶しています。心理学領域においては、かなり以前からカマラとアマラの物語は完全なるフィクションであると扱われていたのではないでしょうか。

自然科学的に考えてみますと、百歩譲って、仮にオオカミに育てられたとしても、ヒトが短時間のうちにオオカミのような身体のつくりに変容していくとはなかなか考えがたいです。たとえば、わたしたちの眼球の構造において、オオカミのように夜間に目が光るように見える「輝板」(ヒトには存在しない)が突然生成するとは考えがたいのです[＊1]。このような短期間での「進化」がおこなわれるのであれば、現在流行っているような漫画やアニメ、ゲームの世界のように、〝魚人間〟や〝鳥人間〟が次々に出現していてもおかしくはありません。いくら人間の発達において環境の影響が強いといっても、短期間で種を超えることはできないはずです。

そもそも、日記に掲載されている写真だけに着目しても、数年間にわたる孤児院生活の写真ではなく、ほぼ同時期に撮影されているという指摘がなされています(詳細は、鈴木 2008)。一九二〇年代では非常に貴重であった写真に人々は騙されたかもしれませんが、この二一世紀の現代においても、この写真によってカマラとアマラの物語を信じてしまうことも起こりえます。さらに、動画や画像がいとも簡単に修正することが可能な現在ではよりいっそう注意が必要となるでしょう。

ちなみに、冒頭のゲゼルによる文章ですが、視点に注目すると、まるでヒトであるゲゼルがメスのオオカミになったかのような描写です。オオカミがヒトの赤ん坊(ゲゼルはカマラと記しています)を連れ去る現場に、ゲゼル本人がいたかのような描写ですが、ゲゼルのこの著書『狼にそだてられた子』は小説ではありません。カマラとアマラの二人を育てたとされるシング牧師の日記をもとにゲゼルが書き上げた〈真実〉とされていますが、そのシング牧師の日記は、化け物がいるという噂からオオカミの住み処に行き、二人を救い出すところから始まっています。メスのオオカミがそっとヒトの赤ん坊を連れ去る描写などは見つかりませんでした。

２　食をとおしてみる人間の発達

ここまで、「事実」であるという証拠があまりにも疑わしい「カマラとアマラの物語」について述べてきましたが、ここからは、わたしたち自身についてあらためて振り返っておきましょう。

まず、わたしたちは「十人十色」、個々人の多様性が最近特に謳われていますが、ヒトという生物学上の同じ種であるという共通項があります。何度もくり返しますが、どう足掻いても、ここからわたしたちは逃れられません。

このヒトであるわたしたちは機械ではなく生物ですから、栄養を摂取しなければ生きていくことができません。母親の胎内にいる間は母親の臍帯（いわゆる、臍の緒）をとおして、栄養を受け取ります。この時期は、「胎児が胎盤を通じて母親と栄養環境をまさに一心同体となって共有する時期」（榊原 2013: 101）

といえるでしょう。だからこそ、以下のように胎児にとっては危険な状態であるともいえます。

（前略）胎児は自由に移動することはかなわず、母親の胎内にいることによって守られているとともに、一方でその行動が拘束されてもいる。この点は、胎児においては栄養を母親から随時吸収できるというメリットがある反面、母親の種々の行動の影響を直接的に受けるというデメリットもまた有しているとも言える。例えば、母親の胎内にいる間、母親が喫煙すると、身体の器官がまだ十分に発達していない胎児は大量の有害物質であるニコチンを無理矢理に体内に注入されるということになり、血管は収縮し、一酸化炭素によって胎児は低酸素状態に陥る。母親が喫煙した際に、胎内でもがき苦しみ、母体から逃れようとする胎児の姿も超音波映像として記録がなされている。このような母親の行為は、わが子に対する紛れもない「虐待」である。ましてや、身体にダメージを与えるシンナーや覚醒剤等の麻薬はなおさらであろう。（宮内 2012: 405）［＊2］

産まれたあと、わたしたちは授乳によって栄養を摂取します。根ヶ山は「『授乳』とは母親の主体性のみが前面に出た言葉にすぎ」ないと主張し、子どもの側の能動性を強調する場合には「摂乳」という用語を提唱しています（根ヶ山 2013: 115）。この「授乳」と「摂乳」の両者を合わせて「哺乳」となるわけです。そして、わたしたちヒトも哺乳類に属しています。

哺乳については、現在においては一般的に母乳か人工乳のどちらか、もしくは双方が補完的に子どもたちに与えられています。乳汁の成分が濃くはない類の哺乳類は、断続的に哺乳が必要となり、結果的に授乳する存在と摂乳する子どもとの接触機会が多くなり、接触する時間もまた多くなります。搾乳しない限りは、母乳は母乳が出る存在しか直接的に授乳することはできませんが、人工乳は母乳が出るか否かは関係なく、乳汁を子どもに与えることができます。搾乳しなければ、母乳については母乳が出る存在の身体と摂乳しようとする子どもの口が直接的に接触しますが、人工乳については哺乳瓶などの食具が介在することになります。

先のカマラとアマラの物語に戻ると、まずオオカミは人工乳を調整することなどは当然できませんから、オオカミに育てられたとされる子どもたちはオオカミの母乳をオオカミの乳房から直接的に摂乳することになります。オオカミの母乳とヒトの母乳の成分は異なります。はたして、ヒトの乳児の身体は滅菌も加工もされていないオオカミの母乳を消化できるのでしょうか。それ以前に、オオカミの身体に直接口をつける行為に身体上の危険はないのでしょうか。さらにいえば、牛肉の生食による食中毒事件、それによる死亡事故すらも起きているというのに、死んで時間が経った鳥の内臓を生で直接子どもが食べることができるのでしょうか。先の「アマラとカマラの物語」は、自然科学的には哺乳や食という側面からみても、非常に受け入れがたい話となります。

さて、わたしたちヒトは母乳もしくは人工乳を、生後しばらくは本人の意思とは関係なく不随意に哺乳していますが、おおよそ生後六、七か月ごろになると、乳汁摂取は随意運動、つまりみずからの意思によって動かす運動となっていきます。哺乳機能は、生後六、七か月ごろから、随意運動としておこなわれ

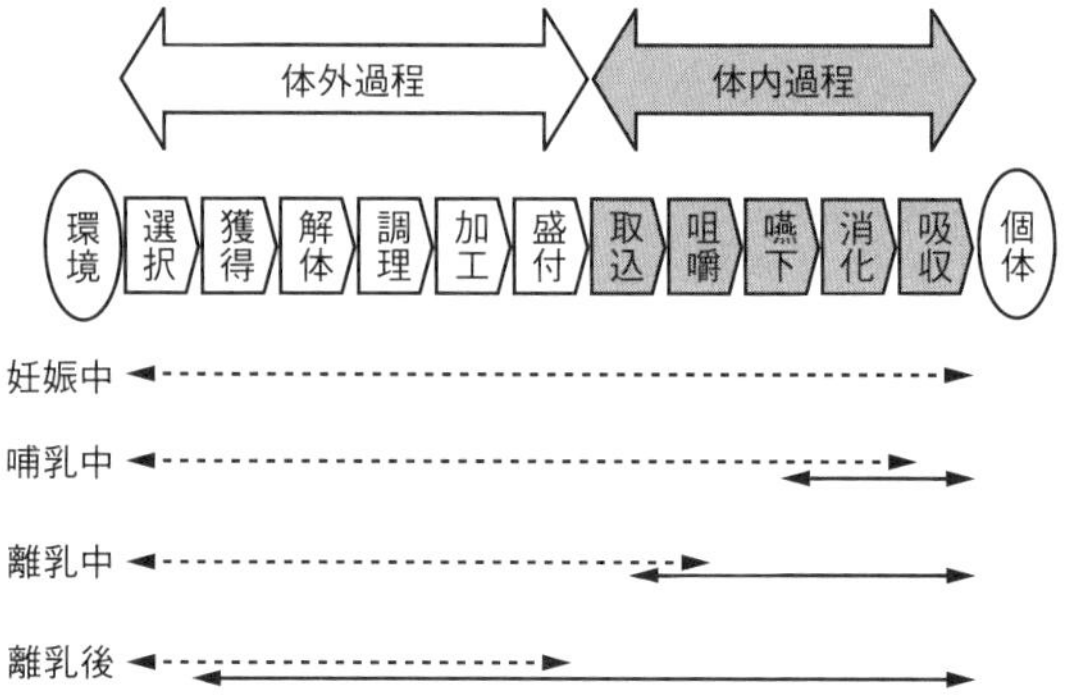

図1・1　子どもの食の過程（実線）と母親による代行（破線）の縮小
（根ヶ山（2021: 63）をもとに作成）

る摂食機能へと移行していくわけです（田村 2013）。ここまでの話をまとめると、「妊娠中の胎盤栄養はその過程が全面的に母親によって担われていることを意味し、母乳哺育、離乳と発達にともない徐々に子どもに禅譲されていく」と説明できます（根ヶ山 2021: 62）。これらを図示すると、【図1・1】になります。子どもの食の過程と養育者の代行の縮小が根ヶ山（2021）によって示されてあります。

　中根千枝（1970）による「共食集団こそが家族の実質的単位」という重要な指摘を受け、川田は「生業形態によって差はあれ、日、週、季節、年単位という階層的な時間的周期性をもって反復される共食の場は、子どもが食技術や食文化はもちろん、より抽象的なレベルの社会規範や自己と他者の関係性などを学ぶ土壌として機能してきた可能性がある」と指摘しています（川田 2013: 133）。ここで、「共食」について少し触れておきましょう。共食とは文字どおりに複数のヒトが一緒に食事をするということなのですが、そこには意味が帯びてきます。たとえば、外山は「共食を「食物を共に食べ、それによって集団の共同、連帯を確認する意味をもつもの」」としたならば、「共食をする動物は人類だけである」と述べています（外山 2008: 9）。そもそもこの共食は、人類が進化していくために必然であったのです。過去をさかのぼれば、ヒト以外の哺乳類は離乳後には個体で食料を探すので個食が基本となるのですが、ヒトとしての「存続と繁殖を維持し、その一員としての成長を遂げるためにはヒトはどうしても共食が必要となっていったのです（原田 2020）。

現代社会における共食には、自発的なものだけではなく、「強制的な共食」もまたあるといえます。わたしたちがよく知っている、学校での給食などはその最たるものでしょう。給食の特徴として、「家族以外の人たちと食べること」、さらに「親ではない大人と、兄弟姉妹ではない子どもと食べるという空間の特異性」を藤原は指摘しています（藤原 2018: 8）。自発的であれ、強制的であれ、この共食が日常的に反復され、わたしたちはこの共食を経験していきます。

あらためて、この「共食」の場は、現代社会での人生における初期段階においては〈生活〉のなかのきわめて重要な場であったでしょうし、その後もそうなることが多いでしょう。

そのうえで川田は、離乳食は「共食の最初形態」と述べ、「「料理」と「共食」の交差点に現れた人類固有の食形態」と表現しています（川田 2013: 133）。前述の母乳もしくは人工乳を哺乳する時期から固形食を摂食する時期へと移行する間の過渡期に子どもたちに与えられるのが、離乳食になります。

この離乳食に焦点を当て、この時期の母子の観察研究がおこなわれています。先ほどから何度も名前が出ている川田学をはじめとした研究チームは、八組の母親とその子どもの食事場面を、子どもの生後五か月から一五か月にわたって観察しました（川田・塚田-城・川田 2005）。観察者はこの八組の母親とその子どもの各々の家庭に一か月に一度訪問し、食事場面をデジタルビデオカメラによって撮影しつづけました。各々の食事時間は二分くらいから三〇分を超えることもあったようです。これらの撮影データを分析した研究をここで紹介していきましょう。ちなみに、この丹念な観察研究は、日本発達心理学会第一六回学会賞を受賞しています。

左頁の【表1・1】は、この研究結果で示されていた母親とその子どもの行動のカテゴリー区分を表にしたものです。こちらをご覧いただくと、この時期の子ども（日常生活上では「赤ちゃん」、少し厳密に表現すると「乳児」となりますが）の多くがどのような行動をするのかがよくわかるように思います。この研究者たちがなぜわざわざこの時期の食事場面を観察期間として設定したかというと、前述のとおり、この時期の子どもたちの多くは、離乳食に移行する時期にあるからです。先に述べましたが、生まれたばかりの子ども（正確に表現すれば「新生児」）はなんでもパクパク食べられるわけではありません。基本的には母乳もしくは人工乳しか飲むことができません。最近、虐待とみなされたケースに、母親自身がこれらのことを誰からも教わっておらず、赤ちゃんにポテトチップスを食べさせていたということもあるようです。そのような母乳もしくは人工乳の哺乳から、いわゆる「離乳食」に移行することによって、大人と同じようなものを食べられるようにしだいに移行していくのです。

いくら個人差（個体差）があるといっても、執拗に述べますが、種として生まれてきた限りは、ヒトであるわたしたちは生まれてすぐに立ち上がって走ったり、いきなり空を飛ぶことは現実の世界では不可能

表1・1　子どもと母親の行動カテゴリーとその定義
（川田・塚田－城・川田（2005: 49）をもとに作成）

カテゴリー	定義と観察例
〈子ども〉	
摂食様態	
①「受動的摂食」	Mが食べ物を差し出し，それに対してCが口を開けて食べる。
②「共食」	Mの差し出しに対してMの手や道具に手を添え，二人でつかんだままCが食べる。
③「促進による自食」	Mが食べ物をCに渡したり，スプーンなどの道具に食べ物を盛ってCに渡すことによってCが自分で食べる。
④「主張による自食」	Mが食べ物を差し出したのに対して，Cが食べ物や道具をつかんで明らかに強く引き寄せて食べたり，Mから取ってCが自分で食べる。
⑤「援助による自食」	Cが自食しようとしているところに，Mの援助的介入が入ることによって成立するCの自食（Cの自発的な自食行動にMが介入する場合）。また，Cの要求によって，Mが食べ物や食べ物がのったスプーンなどの道具を渡すことによって成立する自食（Cの要求によってMが介入する場合）。
⑥「完全な自食」	③～⑤のいずれにも該当しない，Cの自発的な自食行動。
役割交替行動	
母親に食べさせる行動	Mの「あーん」や「ちょうだい」のような促しを受けて，CがMに食べさせる・あるいは，Mに促されることなく，自発的にCがMに食べさせる。
自己主張系の行動	
(1) 要求行動	
要求対象	
①「食べ物，飲み物」	食べ物や飲み物を要求。
②「道具」	スプーンや器等の道具を要求。ただし，それが①と判別しにくいときは，①とする。
③「援助」	Mに援助を要求。
④「その他」	①～③のいずれにも該当しない対象に対する要求。
(2) 拒否行動	
拒否対象	
①「受動的摂食」	Mが食べさせようとすることに対して拒否する。
②「援助」	MがCを援助しようとすることに対して拒否する。
③「その他」	①②以外の対象に対する拒否。
(3) 母親の介入に対する子どもの不満の表出	「母親の援助・制限的介入」の途中，あるいは終了から3秒以内に生起するCの不快情動表出（手足をばたつかせる，泣く，ぐずる，不快な情動を伴う発声，Mを叩くなどして攻撃する等）。
〈母親〉	
援助・制限的介入	直接的・実力的な方法によって，先行するCの自発的行動を援助したり，制限したりするMの行為（言語のみは含めない*）。 例）スプーンですくおうとしているCの手を持って，Cの口に誘導する。Cのつかんだ食べ物を取り上げる。
突き放し	Cの行った行為の責任をCに問うようなMの言動。 例）「遊んじゃったら終わりでしょ。」「お母さんは知りませんよ。」「食べない子にはあげません。」「おっこっちゃったよ。取ってきな。」
意思確認発話	食事の継続／終了をCに尋ねる発話。 例）「ねえ、もういらないの？」「ごちそうさましていい？」

注）表中のM及びCは，それぞれ「母親」及び「子ども」を示す。
* 本研究の観察データにおいては，言語だけで介入と認められる事象が殆ど観察されなかったため，今回は実力行使を伴うもののみを分析対象とした。

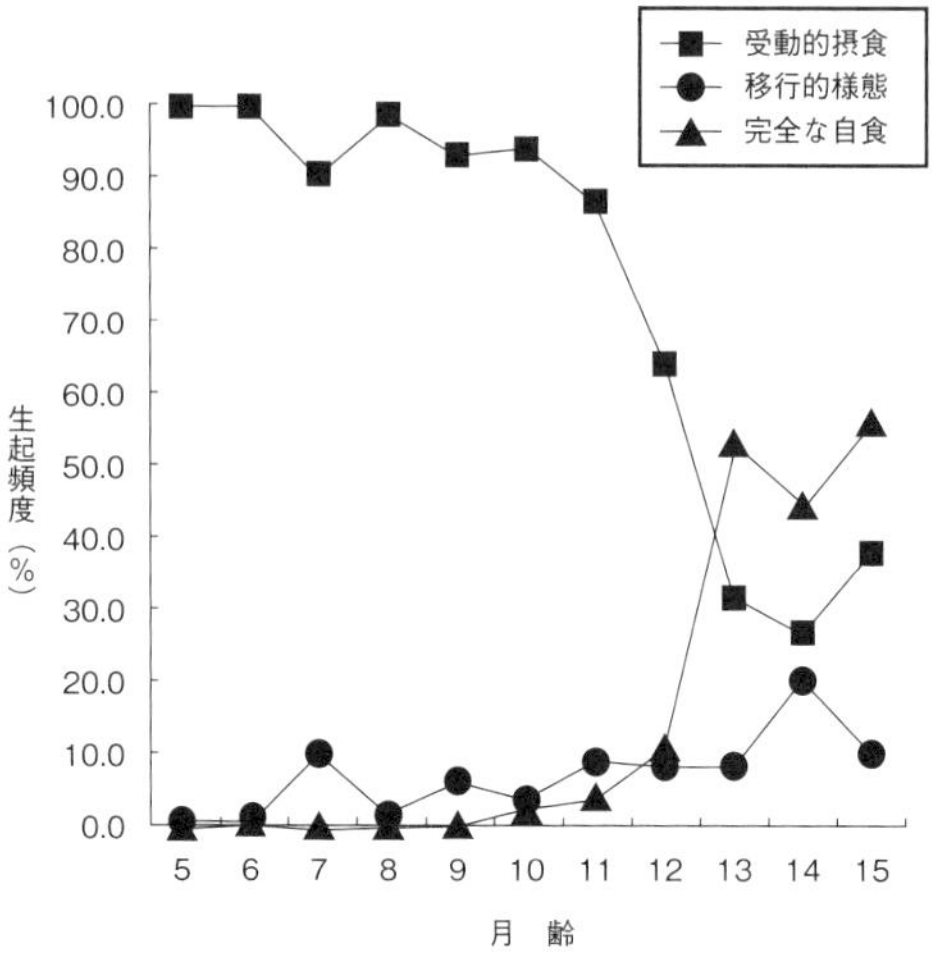

図1・2　子どもの摂食様態の発達的変化（値は中央値）
（川田・塚田－城・川田（2005: 50）をもとに作成）

だといわざるをえません。わたしたちはまず一人ひとりが固有の生身の身体をもっており、そこからはけっして逃れることができません。さらに、その生身の身体は各細胞レベルで動きが止まることなく変化していきます。このこともまた忘れてはならないことでしょう。

さて、この離乳期の食事場面を観察していくと、非常に興味深いことがわかってきます。まず、観察当初の五か月の子どもたちは母親からスプーンなどで食べさせられる際に、そのまま受け入れて、食べさせられる状態でいることが多いです。ところが、この後は変化していきます。単純に述べると、子どもたちは抵抗するようになるのです。【図1・2】にあるように、川田らの観察では、生後一三か月くらいには逆転し、「受動的摂食」ではなく「完全な自食」のほうが多く起こるようになります（川田・塚田－城・

川田 2005）。

川田らの論文では「八～一一ヶ月頃は食事を〝忍耐〟、〝葛藤〟、〝闘い〟等とネガティブな意味合いの表現をする母親が多くなった」とさらりと一文で述べられていますが（川田・塚田－城・川田 2005: 53）、この子どもたちに離乳食を与えようとする養育者たちの並々ならぬ苦労が想像できます。

【表1・1】を用いるならば、「受動的摂食」とは母親が食べ物を差し出し、それに対して子どもが口を開けて食べることですが、この時点でもおとなしく、ただ口を開けて、差し出された食べ物を飲み込んでいくだけではないでしょう。子どもたちは種々の抵抗などを示していきます。

川田は、これらの時期における母親と子どもの攻防を以下のように記録しています（川田 2013）。

▼事例①　A児（男、一〇ヶ月）

Aはこのところ母親の持つスプーンによく手が出るようになった。その日もやはり、彼は執拗なまでに母親のスプーンに手を伸ばしていた。母親が渡さないと、Aが度々不満を示して食事にならないので、ついに母親はスプーンを渡した。Aは得意気にそれを振り、上機嫌になる。しかし、一向に食べる気配がないため、母親は「こうやるんだよ」とAの手を取ってすくい方を教えようとした。するとAは激しく怒り出し、泣き声をあげた。その後、食事終了時になって、何が気に食わないのか再びAは泣き出した。母親はやはりスプーンが欲しかったのかと、「スプーンがいいの？」と渡そうとした。しかし、Aは気に入っていたはずのスプーンをテーブルに叩きつけ、

それから放り投げて、天を仰いで泣き出した。（川田 2013: 140-141　傍線も原文ママ）

たしかにこういう観察記録を読んでいくと、母親がこの時期の子どもの食事を〝忍耐〟、〝葛藤〟、〝闘い〟と表現する心情がよく理解できます。自宅で子育てしている養育者は一日に何度も何度もこのような状況が毎日つづいていくわけですから、ストレスがたまっていくことでしょう。

このようなことをくり返していきながら、養育者からスプーンで口に運ばれていた子どもたちが、みずからの手やスプーンでみずからの口に食べ物を運ぶようになっていきます。これが「完全な自食」です。さらに、周囲の大人たちが箸で食べていると、子どもたちもまた食具はスプーンから箸に移行していくことでしょう。こうして、この観察対象となった子どもたちは、家庭内になんらかの食事の特別なマナーによる制限などがなければ、箸を中心に使用して食べ物を食べていくことになっていったことでしょう。子どもたちが「完全な自食」に移行してしまうと、もはや箸を中心にした各個別の「個人用食器」（菊地 2022）を用いずに食べる行為に戻ることはなかなか困難です。あと戻りはむずかしいのです。

これらは、わたしたちの発達していく生身の身体をベースとしながら、毎日の生活によって習慣となる行動です。わたしは、このような行動を〈生活－文脈〉に拘束された行動とみなしています。この時点までは、主に養育者との日々の日常生活によって生み出されてきたものです。

3　〈生活－文脈〉とは何か

さて、ここで突然、〈生活－文脈〉という言葉が出てきましたが、これはわたしの造語です。二〇〇八年に刊行された無藤隆・麻生武編『質的心理学講座１　育ちと学びの生成』において、わたしは〈生活－文脈〉について初めて書き、世に問いました（宮内 2008）［＊3］。そこでは、難解な議論ではなく、とてもシンプルな主張をしました。のちにあらためて以下のように説明しています。

〈生活－文脈〉とは、「私たちは文脈に依存しながら、やりとりを理解して」おり、「その文脈は自らの生活（これまでの、そしていまの生活）に密接に繋がって」おり、その〈生活〉に基づく文脈のことである。（宮内 2019: 105）

わたしたちはどうしても、みずからの〈生活－文脈〉のみに基づいて事象を理解しがちです。そして、その文脈から他者の言動を非難してしまうこともまた少なくありません。他者がなぜそういうことをおこなったのかについて考える余裕を失っている、それほどまでにわたしたちは追い詰められているのかもしれません。

ここで、他者の言動を理解する際に、その人物の〈生活−文脈〉に基づいて理解するようにすると、本書の「まえがき」で触れたように、まったく見え方が変わってくる、世界が変わってくるのかもしれません。このことを本書では提唱したいと考えています。

とはいえ、当然のことながら、わたしたち一人ひとりは、自分以外の他の誰かにはけっしてなれません。物理的にも独立した個人です。ですから、生身の身体をともなっていることから、自分自身以外の誰かの〈生活−文脈〉を完全に把握することは不可能なことでしょう。さらに、その当事者においても、みずからによって、みずからの〈生活−文脈〉すべてを把握し、他者にそれらを説明することはできないかもしれません。先に述べてきたとおり、乳幼児期から、みずからが知らず知らずのうちに身につけてしまっていることも少なくはありません。ここでは、ゼロか百かといった思考で考えるのではなく、他者の言動を理解する際に、みずからの〈生活−文脈〉のみで理解しようとしてはいないかといったん踏みとどまり、その当事者の〈生活−文脈〉を少しでも理解しようと試み、そこからその誰かの〈生活−文脈〉に基づく理解をおこなうことをすすめたいと考えています。本書の「まえがき」で紹介した「蜜柑」における少女への理解は、その一例といえるかもしれません。

しかしながら、何度も述べるように、わたしたちはヒトという種であり、その種を超えることはできません。そのうえで、各々の個別の、そしてさまざまな事情を抱える生身の身体をベースにしながら、毎日の日常生活を送っています[＊4]。本章ではここまで哺乳から摂食までのプロセスを記してきましたが、日常生活において食べるという行為はわたしたちの多くにとって欠くことができない行為です［＊5］。その行為においても、養育者との相互作用が深く刻まれていきます。このようなやりとりをとおして、〈生活－文脈〉が形づくられていくのでしょう。本章ではこれまで、新生児期、乳児期という発達段階を中心に記しましたが、その後も生命がつづいていくと、幼児期、児童期、青年期、成人期（成人期、壮年期）、老年期という各発達段階のステージに移行していきます。当然のことながら、この発達段階の移行によって、〈生活－文脈〉も異なっていきます。食についていえば、保育所に預けられたり、幼稚園に入園したり、学校に進学したりすると、各々の施設や学校において、周囲の園児、児童、生徒と一緒に弁当もしくは給食を食べることになります。そうすると、日本国内の保育所、幼稚園、学校に通ったことがある人は、人生のどこかの期間においては、少なくとも「共食」の体験があることになります。

それだけではありません。そのような施設や学校での「共食」の体験もまた地域によっては異なってきます。そうすると、それによって〈生活－文脈〉も異なってきます。

本書の「あとがき」でも触れていますが、わたしは一九九九年に沖縄県の離島である多良間島に訪れてから、子どもの生活の調査のために定期的に訪問していました（宮内 1999）。多良間島とは、宮古島と石垣島のちょうど真ん中にある、ほぼ起伏がない平坦な楕円形の島です。島の面積は一九・七五平方キロメートルです。およそ三四万九千人の住民がいる東京都新宿区（二〇二四年一月現在）よりも少しだけ広いくらいの大きさの島となります。多良間島の人口は一、〇五六人（二〇二三年一一月末現在）であり、人口密度はおよそ五三人／平方キロメートルです。先ほどの東京都新宿区の人口密度はおよそ一万九一七〇人／平方キロメートルとなりますから、この人口密度の差はあまりにも大きく、驚かされます。「芸能の島」と島の人々が自称するように、島の豊年祭である「八月踊り」は世界中から観光客が来るほど有名です。そして、「守姉」（島の発音では「ムリアニ」ですが）とよばれる慣習が最近まで残っていた／いるめずらしい島でもあります（根ヶ山・外山・宮内編 2019）［＊6］。この守姉とは、「少女が幼い守子（ウットゥ、守姉行動の対象児）の世話をする独特の民間伝承的なアロマザリング」のことです（根ヶ山 2021: 148）。「アロマザリング」とは、母親以外の存在による養育を表す言葉です。つまり、この島では、親と契約を結んだ島内の少女が、母親とともに養育する慣習があるのです（多良間島の守姉については、根ヶ山（2012, 2021）、根ヶ山・外山・宮内編（2019）を参照）。

この多良間島での調査・分析結果報告書でもある『共有する子育て』（根ヶ山・外山・宮内編 2019）においてすでに発表していますが、日本国内で生活する五歳児すべてが同じ生活をしているわけではありません。この多良間島では、島内の子どもたちの多くは島内にある唯一の公立保育所に通います。その後、保護者の仕事の有無を問わず、全員がまた唯一の公立の幼稚園に通うことになっています。幼稚園では大半の日は午前でいったん降園となるので、子どもたちは自宅もしくは祖父母（おじい、おばあ）の家に帰り、家族全員で昼食をとることになります。島内では、お昼休みに昼食のために一時帰宅することが基本的な日常生活の行動パターンでした。こういう点は、都市部の日常生活の行動パターンとは大きく異なっています。ただし、学校で給食を食べる義務教育期間の小学生と中学生は帰ってはきません。

島内には公立の小学校と中学校がありますが、それ以降の学校が存在しません。したがって、中学校卒業とともに、高校や専門学校に進学しようとするならば、否応なしにみずから生まれ育った島を離れなければなりません。生活拠点が島の外にシフトするわけです。この点もまた、国内の多くの中学校三年生とは著しく異なっていることでしょう。

このように、〈生活－文脈〉は各個人が生活している地域独自の状況にも拘束されているのです。さらに、その地域の状況なども、生活している地域の自然環境と社会環境に多大な影響を受けて成立しています［＊7］。

こう考えていくと、理解しようとする「他者」の現在の日常生活のみならず、現在生活している地域社会、少なくとも生まれ育った地域社会の知識が必要となってきます。ならば、他者の〈生活－文脈〉に基づいて理解するということは非常にむずかしいように思われます。しかし、そういうことはかなりむずかしいからといっても、みずからの〈生活－文脈〉すらもまったく自覚せぬままに、みずからの〈生活－文脈〉のみに無自覚に基づいた理解で、他者の言動をバッサリと切り捨ててもいいことにはならないでしょう。可能な限り〈生活－文脈〉を理解しようとする態度は、他者の日常生活が見えなくなりつつある現代社会においてはますます重要になってくるのではないでしょうか。そして、本書では、この〈生活－文脈〉理解の手がかりをお示ししていきます。

4　まとめにかえて：なぜいま〈生活－文脈〉理解が必要となるのか

本章の最後に、なぜ「〈生活－文脈〉理解」が重要になってくるのかについて付け足しておきます。昨今、他者の言動に対して、当事者の文脈を無視した一方的な断罪が増えているようにわたしは感じています。さらに、当事者の文脈などはいっさい無視した断罪どころか、存在そのものの否定すら目につきます。たとえば、近年では、登録者数が二〇〇万人を超える、かなり影響力のある一人のYouTuberがホームレスの命よりも猫の命のほうが大切であると唱えたことが問題となりました。この件などは、きわめて独善的な理解による、限られた資本主義社会における一部の「能力」を重視しすぎた考えの行き着いた結果の一例とも考えられますが、みずからが生まれ育ってきた狭い領域内の文脈でしか物事を判断しておらず、他者への敬意、怖れ、そして想像力が著しく欠如しているとも説明できるかもしれません（それは世間知らずの「驕り」とよばれる状態なのかもしれませんが）。本書の「まえがき」でも触れた「自文化中心主義（ethnocentrism）」ですが、そのみずからの文化の範囲がますます狭くなっているように感じます。やや乱暴に言い切ってしまえば、〝自分自身と自分が好きな存在〟以外のヒトはどうなってもいっこうにかまわないと考えているとしか思えない人が増えているようにわたしは感じます［＊8］。

以前に、わたしは『〈当事者〉をめぐる社会学：調査での出会いを通して』という共編著書を出版しました（宮内・好井編 2010）。療法の一つである「当事者研究」についてではなく、まさに〈当事者〉をめぐる社会学研究についての共著書ですが、そのなかで、当時の質的研究をめぐる状況について、わたしはある批判をおこないました。つまり、質的研究のある種の「ブーム」期に、シンプルな図式的説明が強く支持されていくように感じられたことがあり、「（前略）質的研究で得られた「データ」がまるでジグソー・パズルのピースのように取り扱われ、その場（フィールド）やその「対象者」自身の文脈を無視して、まったく異なる、さらには研究者に都合が良く、耳触りの良い「物語」として安易に《加工》され、次々に発表されていく様（当然のことながら、あくまでも一部だが）にかなりの違和感、さらには憤りを感じ」、「ヒトの認知的側面の理解だけではなく、生活する諸個人の生涯発達における内面的な理解を目指す質的心理学領域において、「研究対象」とされる側の怒りや悲しみなどの強い感情をまるで無視するかのような研究がこれ以上増えていくことには耐え難かった」と述べました（宮内 2010: iv）。このような主張は、本書のもととなっている「〈生活－文脈〉理解研究会」による研究成果である四つの共著論文でもなされています（宮内・松宮・新藤・石岡・打越 2014a, 2014b, 2015, 2018など）。

他者の存在否定などは言語道断であり、そのようなことは研究者の世界においては皆無であると信じていますが、他者の文脈を無視して、みずからの狭い領域内における文脈による解釈をおこなってしまうことが実際にあるということです。そこで、そのようなことを防ぐための方向性の一つとして、「〈生活－文脈〉理解」を候補にあげていただきたいとわたしは唱えています。先にあげた共著論文において、「対面的な調査とは、現在の生活とその生活の歴史を背負った生身の人間と、同じように、現在の生活とその生活の歴史を背負った生身の人間の両者が実際に出会い、互いに影響を及ぼし合う相互行為の場」（宮内・松宮・新藤・石岡・打越 2014b: 208–209）とわたしは述べました。このような理解を対面的な調査の場面だけに限定するのではなく、日常生活の場においても意識する必要があるのではないでしょうか。つまり、社会調査も含めて、人間同士の出会い、やりとりをおこなう場面というのは、「現在の生活とその生活の歴史を背負った生身の人間と、同じように、現在の生活とその生活の歴史を背負った生身の人間の両者が実際に出会い、互いに影響を及ぼし合う相互行為の場」であるわけです。「現在の生活とその生活の歴史を背負った生身の人間」という部分は、「現在とこれまでの生活によってかたちづくられた生身の身体で生きる人間」と言い換えたほうがわかりやすいかもしれません。この両者の〈生活－文脈〉にもう少し目を向けていただきたいというお願いでもあります。

とはいえ、ただ目を向けただけでは十分ではないことは明らかでしょうし、みずからの〈生活－文脈〉を客観的に理解するとともに、他者の〈生活－文脈〉を理解するようにといわれても戸惑うだけかもしれません。そこで、日本社会におけるカウンセリングの場をかつて席巻していたカール・ロジャーズ（C. R. Rogers）による「共感的理解（empathic understanding）」がヒントになるのかもしれません（ロジャーズ 1957）。つまり、異なる生身の身体をもった独立した人格ですから、わたしは目の前の誰かにはなれません。その誰かについて一〇〇％すべてを理解し、共感するということは不可能でしょう。しかし、その人の状況を少しでも理解し、相手の状況を推察しながら、その人について理解しようとすることはできるはずです。

他者の〈生活－文脈〉を理解しようと努め、完璧な理解は困難であるとしても、その他者の〈生活－文脈〉に基づきながら、その相手を理解しようとする意志が必要であるとわたしには思えます。いかに相手の「生活」がみずからの「生活」とはかけ離れているようにみえ、理解しようとすることに絶望しそうになったとしても、同じヒトという種として共通する食事をはじめとした「生活」という側面からは他者の理解が必ず可能になるはずであるとわたしは考えています。

＊1　シング牧師による「カマラとアマラの養育日記」には、研究者たちによる原注がつけられています。この目が光る現象については、議論の対象になったようであり、他と比べて非常に長い注がつけられています。『ネイチャー（*Nature*）』誌に掲載された論文や、みずからの目が光っていたためにピューマと間違われ、その目を散弾銃で撃たれたという「ハッペル教授」の長文の手紙などが掲載されています。

＊2　妊娠中の母親のみならず、母親の周囲で喫煙する人間全員が胎児にダメージを与える存在です。受動喫煙の有害性は以前から指摘され、警鐘が鳴らされています。

＊3　そこでは、「わたし、きつね」「わたし、たぬき」などというやりとりの理解から、文脈が不明な語りは誤解されてしまう可能性が高い、あるいは正しく理解できないことを述べました（宮内 2008）。この文脈をどのレベルに求めるのかという問いから、〈生活－文脈〉を提唱しました。

＊4　本章では、新生児から乳児までの哺乳から摂食行動へのプロセスについて記しましたが、食物を口から飲

み込むことがむずかしい、できない子どもたちもいます。多くの子どもたちは口内で咀嚼し、飲み込むわけですが、うまく飲み込めない場合には肺への気道に食べ物が入り、危険な状態になります。これが「嚥下障害」とされますが、口から摂食するのではなく、手術によって直接食物を胃に入れるようにすることがあります。これが胃瘻とよばれるものです。二〇二四年一月現在、参議院議員である天畠大輔議員も自身のエピソードを書いています（天畠 2021）。

＊5　かなり昔のことですが、あるマルキストに、個人の意思よりも社会経済的要因のほうを重視すべきだと諭されたことがあります。当時は心理学徒であったわたしに、そのマルキストはこう語りました。「空腹状態の人がいたとしよう。いくらお腹がすいていたとしても、その人がお金を持っていなければ、パンを買いに行くことも、定食屋に行くこともできない。心理的な欲求があったとしても、経済的要因によって阻まれてしまう。だから、心理学よりも社会経済学的な枠組の方が正しいのだ」と。

何か腑に落ちず、わたしは騙されたような気がしていました。今ならば、その空腹状態の人が歩行困難、さらに身体を動かすことがむずかしい状態であれば、科学的なサポート技術がない限りは、そちらのほうが阻む要因になるようにわたしには思えます。この想定される状況における人間のモデルが、自由に動ける存在であることに当時は無自覚であったわけです。

＊6　本文でも記したとおり、この多良間島については、『共有する子育て』（金子書房）という共編著書を出版しています。早稲田大学名誉教授の根ヶ山光一先生が研究代表者である科学研究費補助金による共同研究の成果をまとめたものです。現在もなお、根ヶ山先生を研究代表者とする科学研究費補助金が採択され、多良間島を中心とした共同研究が継続されています。

＊7　この多良間島から島外に移り住む理由は、高校や専門学校などへの進学のためだけではありません。わたしの聞き取り調査では、子どもが沖縄島都市部の大学に進学するために、現金収入が必要となり、まとまった現金収入が島内での労働では困難なために、家族全員で沖縄島都市部に移住したという事例もありました。このような事例によって、あらためて気づかされるのですが、わたしたちは資本主義社会で生活しており、資

本主義社会における〈生活－文脈〉を看過すべきではありません。この点は強調しておきたいと思います。

＊8　〈生活－文脈〉という本書の用語を使うと、このYouTuberはみずからが〈生活－文脈〉からはかけ離れた、世界における特権的な主体であると認識し、その前提のもとで発言しているとも説明できます。こう考えると、みずからの〈生活－文脈〉と他者の〈生活－文脈〉から目を背向けずに考えるという行為は、現在の目前の世界からみずからを引き離して〝超越的な主体〟として世界を語りづらくさせると思われます。世界を意のままに動かしたい欲望に身を任せているヒトは、〈生活－文脈〉に見向きもしないことでしょう。

第2章

青年期の労働をとおして考える〈生活－文脈〉理解

沖縄のヤンキーのフィールドワークから

打越 正行

沖縄のヤンキーの若者，なかでもその多くが働く建設業では，先輩と後輩のあいだに「長きにわたって奪い続ける関係」がつくられ，後輩たちの多くは先輩の雑用をこなすパシリとなります。その関係や役割は，時には暴力を含むほど，理不尽で過酷なものです。一見するとそれらは，間違っており，遅れているようにみえるかもしれません。しかしその関係や役割は，彼らが現在の沖縄の建設業を生きる過程で身につけた戦い方の軌跡でもあります。その関係をつくり，役割にたどり着くことが建設業で生きるために求められ，また理にかなっているのです。

他者のことを既存の枠組みや自身の経験に当てはめてわかった気になるのではなく，隣に立ってわからないことも含めてじっくり向き合いながら，他者について書く。そのような〈生活－文脈〉理解をすすめる過程では，観察者の視角や価値観が変化します。そのような観察者の変化をともなう〈生活－文脈〉理解は，現状を説明するだけではなく，根本的に現実を変える／つくる力となりえるものです。

1 『ヤンキーと地元』で書いたこと

わたしは沖縄において、暴走族やヤンキーの若者たちへの社会調査、なかでもパシリ（雑用係）として参与観察を実施した社会学者です。参与観察は調査対象社会の一員として役割を担いながら調べる社会学の調査法の一つです。一〇年以上にわたるその成果は、『ヤンキーと地元』（打越 2019）として刊行しました。

執筆時に大切にしたのは、ヤンキーの若者たちの描写を「別世界のびっくり話」にしないということでした。外部の世界に出向いてみたら、異なる環境があり、そこに生きる人たちの驚くような生活実態に遭遇しましたという体験記はセンセーショナルで目を引きやすいのですが、それらはただ読者の露悪的な関心に沿った想定内の記述どまりとなります。それでは読み手自身が安全地帯にいることをただ確かめたり、すでにもっていたイメージや偏見に現実を当てはめたりするだけの読みしか展開されません。そのようなアングラ世界の描写を目にすると、多くの読者は「あー、やっぱりひどい世界だな、かかわらないでおこう」との反応になりがちです。わたしはそのような読み方や書き手に抗えるようなものとして、拙著を書きました。調査協力者である彼らとの出会いは、わたしの想定を確かめることとはとうてい異なる、はるかにそれを上回る出来事でした。それにより自身の価値観や視点は壊れ去り、そしてつくり直す経験となりました。そのように想定外の何かを生み出すような読む経験の一助となるようなものを書き、そのようなわたしの経験を読者と共有することをわたしはめざしました。そのねらいは本章で展開する〈生活－文脈〉理解の意義とねらいに重なるものです。

確認するまでもないことですが、わたしが出会った沖縄の暴走族、ヤンキーの若者たちは、わたしと同じ世界に住み、隣に座って話したり寝食をともにしたりすると、まっとうなルールや文化に基づいて生きているということがわかります。そこで彼らも泣き笑い、時にはずる賢くスケベで、そして信頼を失うようなことも思いやりをもって接することもあります。わたしが調査場面で実際に出会った人たちは、そのような人たちでした。それは暴走族、ヤンキーの若者という別世界の他者ではなく、わたしのこれまでの人生や普段の生活をともにする人々となんら変わりません。彼らとわたしは同じ世界に生きているということ、それはあまりにもあたりまえのことですが、他者を理解する際の起点となることなので確認しました。

そしてこの起点の先に彼らの理解しがたい言動に遭遇することがあります。それらは一見するとわからないものですが、隣で長く過ごしていると徐々にそして部分的にわかることがあります。このように最初から異なる他者とみなすのでなく、またいきなり劇的な理解へと到達するでもない、この世界を同じく生きる人々のわからない言動をじっくりと疑問を抱きつづけながら理解するという手順が確かにあります。その手順が、本章で展開する〈生活－文脈〉理解と考えています。

調査を通じて出会った沖縄のヤンキーの若者の多くは、普段冗談を言い合ったり弱音を吐いたりするのですが、建設現場における彼らは、きびしい上下関係のもと後輩たちに暴力を振るうことがあります。

これについて、わたしはすぐには共感も理解もできません。そこでわたしの理解する枠組みや視角を組み替えながら理解を試みます。『ヤンキーと地元』では、このわたしの価値観や視角を組み替えながら、見たこと、聞いたこと、そして教えてもらったことについて書きました。そして、その過程で経験した観察するわたしの変化をともなう他者理解は、本章の〈生活－文脈〉理解において欠かせないものと考えています。

以下、沖縄での調査経験に基づいて、彼らの人間関係の特徴やそれをどのようにしてつかむに至ったのかについて述べます。青年期の労働、具体的には、沖縄のヤンキーの若者、そしてその多くが働く建設現場で観察できた、先輩と後輩の「長きにわたって奪いつづける関係」について紹介します。その関係はパシリとしての参与観察というスタイルゆえにたどり着きつかむことができたものです。本章補論ではその過程で観察者の変化が欠かせないものであるということについて指摘します。

2　戦い方から現実に迫る

ここでは沖縄のヤンキーの若者、建設業の従業員がおこなうギャンブルの実態から、彼らがつくる関係の特徴をつかみます［＊1］。特定の行為や社会構造から彼らの実態に迫るのではなく、彼らがつくる社会関係のあり方から彼らが生きている現実をつかむという手順にこだわります。社会関係のあり方は、彼らが直面する（往々にして過酷な）現実に対処する過程でつくられた実践の軌跡です。ゆえにその対処法としてつくり上げられた社会関係をつかむことで彼らが生きる現実に迫ることをめざします。

社会のつかみ方は、観察者が社会をどのようなものとしてとらえているかによって異なります。ブルデュー（P. Bourdieu）は『結婚戦略』（Bourdieu 2002=2007）において、地主が農地をもつことで結婚相手を有利に探すことができるゲームが終わったこと、そこから時代の変化をとらえようとします。そのために、彼は年末のダンスパーティを訪れる農家の息子たちが身につけた時代遅れの服装、踊れない身体的所作、女性たちに声をかけることができず内輪の悪ノリしかできないコミュニケーションのあり方から迫ります。彼らはゲームが変わったにもかかわらず、新しいゲームに適応できずにいたわけです。わたしはブルデューの社会観に沿って、社会調査で遭遇した現実を紹介しようと思います。それは、現前で展開されるゲームにおける戦い方や戦うための人間関係から、そのゲームに参加する人々が生きている現実に迫るという手順です。

彼の社会観を採用するのは、それが沖縄の周辺層の若者たちのリアリティに迫ることができるからです。たとえば、リベラルな感覚を有する知識人は社会を変革する実践やオルタナティブな生き方を推奨しがちです。しかし、そのような変革のための実践は時間的余裕があって可能となるものです。またオルタナティブな生き方を選択できるのはメインストリームの生き方で成功した者か、そこにいつでも復帰できる者がなせる選択肢なのです。周辺を生きる人々は、他者が支配し有利に展開するゲームを「いま」戦わなければならないのです。そこにゲームを降りるという選択はありません。それゆえ、そのゲームは往々にして不利な戦いにならざるをえません。しかしそのゲームで彼らはただ敗れるだけではないのです。もう一つのゲームをみずから立ち上げることはできませんが、他者のゲームでもう一つの戦い方を展開することはできます。その戦い方は、正攻法ではありませんが、周辺を生きる人々が投げ出されている不利な状況から生まれたゲームの戦い方なのです。他方で現状を根本的に変えようとする実践やオルタナティブな社会の構想は、さまざまな資源をもっている人たちの戦い方です。そのような正攻法での戦いを否定することなく、また社会運動の段階に人々の実践を位置づけ軽んじるのでもなく、もたない人々によるみずからが負けない戦い方から学ぶことができるはずです〔＊2〕。そしてこの負けない戦いを展開する戦い方をつかめるようになったのは、補論で述べるわたしの父親と沖縄で出会ったパシリの男性たちの生き方から学ぶ過程で経験した、観察者としてのわたしの変化によって可能となったことだと考えます。

以下では、ホワイト（W. F. Whyte）の『ストリート・コーナー・ソサエティ（以下、SCS）』（Whyte 1993＝2000）と重ねながら、沖縄の周辺層の男性たちの戦い方や人間関係を紹介します。ともに周辺層の少年たちの戦い方を、彼らが挑むボウリングやトランプなどの様子を対比的に記述することで、それぞれの社会や時代の特徴に迫ります。

沖組トランプ大会

わたしは二〇〇八年二月から三月にかけて、沖縄の暴走族少年やその先輩たちの多くが働く地元の建設会社・沖組で調査を目的として働きました。現場仕事の経験がまったくなかったわたしにとって、とても長く感じる一か月でした。体力がもたずに休みがちでしたが、最後までよくがんばって働いたことが評価され、最終日に従業員のみなさんたちによるわたしの送別会が開催されました。送別会では賭けボウリングと賭けトランプを参加者全員で楽しみました。以下は、そのときのフィールドノートの一部です。

この日は夜のボウリング大会のため、たっぷり睡眠をとった。夜七時から沖組従業員による私の送別会が予定されている。事務所に着いてまず給料をもらった。日給六五〇〇円の一三日出勤で、合計八万四五〇〇円が私の給料だった。会場をボウリング場に移し、みんなで泡盛を飲みながらボウリング大会は始まった。二時間ほど投げたものの、結局ボウリングでは一勝もできずに約一万五〇〇〇円も負けてしまった。ボウリング場の出口で、飲みに行くか「ソロ」というトランプゲームをするかをみんなで相談し従業員の家で「ソロ」をすることとなった。先ほどの負けた分を取り戻す気持ちでいっぱいだった。ルールを一通り教わり、ゲームに参加した。数百円で何度か負けた後に、大当たりをあてて一気に一万円ほど取り戻した。これでボウリング代の負けをほぼ回収できた。これがまずかった。その後、お金は出ていくばかりで、最終的に給料袋にまで手を出してしまった。手が震えていた。自分でコントロールできなくなってくると、（沖縄の中堅従業員の）光司さんに「むきになるな。最初はみんなむきになるばーよ。ここで辞めとけ」と言われた。だんだん気持ちが廃れてきて、全部どうでもよくなる感じがしてきた。破壊的な大敗だった。今晩は私以外のほとんどが笑って帰っていった。（二〇〇八年三月八日のフィールドノートより）［＊3］

朝、宿舎に着いたときに財布の中身を確認すると一万五〇〇〇円ほどしか残っていませんでした。もらった給料から差し引くと一晩で七万円ほどが消えたようです。すさまじい送別会となりました。以下では、この晩に経験した大敗の様子を、人の上下移動、お金の流れに焦点を当てて考えます。

上下移動

『SCS』は、一九三〇年代後半のアメリカにおけるイタリア系移民第二世代のコミュニティの実態について書かれたエスノグラフィです。彼・彼女らは、中心ではないもののアメリカ社会の一部を確かに形成する人々です。ある者はマフィアとしてスラムの秩序を維持し、またある者は政治家としてアメリカ社会と交渉し成り上がっていきます。そこで生きる「小物たち」は「大物たち」に仕事を紹介してもらい、社会的地位を与えられ、人生を歩んでいきます。そのような小物たちの面倒をみることで大物たちは自身の勢力争いを有利に展開していきます。またそのような大物は相互に緊張関係にあり、場合によっては若手や近隣の勢いのある者との覇権争いに敗れ、落ちぶれてしまうことがあります。移民としてアメリカに定住しそこで生きていくということは、大物となることをめざし、小物たちに支配下に入ってもらうことと引き換えに雑用仕事を紹介し、自身の勢力を拡大する、そのようなゲームに参加することでした。

　リーダーシップは、下位のものが上がってくることによって変わるというものではないが、組織のトップにいる男たちのあいだで関係が入れ替わることがある。ギャング団が二つに分裂したばあいには、リーダーとその補佐である男のあいだの争いだと説明される。（Whyte 1993=2000: 270）

このように、『SCS』では組織内のダイナミックな上下移動、覇権争いの様子が描かれています。その緊張感がよくわかるのが以下のボウリング大会です。

　一九三七年から三八年にかけてのシーズンの記録をみると、社会的地位とボウリングの成績とのあいだには密接な対応関係があることがわかる。これは、ボウリングがノートン団の主要な社会活動になったために生じた現象であった。ボウリングは、グループ内で個人が威信を維持し、獲得し、あるいは失う主要な手段になったのである。

もっとも、ボウリングの得点だけが原因で、自動的にこうしたパターンが生じたわけではない。そこには、個々のメンバーにプレッシャーを与える一定の慣習的な行動様式が存在していた。そのなかの主だったものは、チームを編成する方法とメンバーが互いに投げかける野次であった。(Whyte 1993=2000: 31)

ここでは、ボウリングの成績がいい者がグループ内における地位も高いことが指摘されます。チーム編成や野次といった作為的なはたらきかけによって、そのような成績となるのです。普段の人間関係は上下移動や勢力争いの緊張感に満ちています。変動しうる地位や関係をあらためて確認するのがボウリングの結果であり、その場で起きていることなのです。

他方で沖縄の建設業を生きる男性たちは、このような上下移動や覇権争いとは異なる世界に生きていました。このことは彼らが熱中する賭けトランプから象徴的に読み取ることができます。建設現場の昼休みや週末の打ち上げなどでは、大富豪というトランプゲームでとても盛り上がっていました。大富豪はゲームごとのあがる順番で順位が決まります。最下位の者は、次のゲームを始める前に勝者に有利なカードを渡し、その代わりに不要なカードを受け取ります。強い者はより強くなり、弱い者はより弱くなるルールが、このゲームの醍醐味の一つです。しかし格差が広がるだけでは盛り上がりに欠けるので、このゲームには革命というルールもあります。特定のカードがそろえば、カードの強弱がすべて反転するルールが革命です。それによってゲーム内での持ち札の序列はひっくり返ります。しかし調査でお世話になっている沖縄のヤンキー、建設業の若者たちが楽しむ大富豪には、革命のルールが設定されないことが多かったのです。彼らは大富豪に革命があることを知っていますが、「(革命は) つまらない」と言い、革命のない大富豪を楽しんでいました。特に参加者数の多いときは交換するカードを二枚に増やし、革命なしルールが盛り上がるのだといいます。ゲーム内で先輩が最も地位の低い立場になることやその結果として所持金が減ることは多くはないものの生じうることでした。ゲーム内では、先輩、後輩に関係なく、自身の能力と運だけで地位をのし上がる。そしていったんトップをとれば、その後は弱い者からとりつづけることは正当化される。格差を固定化し、より拡大させる仕組みは、そのゲームの参加者によって認められていました。

この「革命のない大富豪」は沖縄の建設業の現実と重なってみえます。ある従業員は、「いろいろ言われてもよ、稼いだもん勝ちだばーよ。(社長は) 相当儲けてるはずよ」と語ります。建設業の従業員が社長に対して待遇面で異議申立てをおこなうことはほとんどありません。むしろ、後輩たちを引き連れて利益を上げる社長の姿には尊敬のまなざしさえあり、そのような地位に立つことをみんなかすかに狙っていました。このように沖縄の建設業を生きる彼らの関係やゲームのルールは固定的で静的なものです。賭けトランプではときどき番狂わせが起こりますが、前述したようにそれも含めていつもと同じ展開、結果に落ち着いていきました［＊４］。

本土の大手ゼネコンの下請けを担う沖縄の建設業は、不安定であることが常態化してきました。よってたとえ社長となっても倒産して地元から逃亡したり、破産したりして給与未払いとなる建設会社が少なくありません。そのため、長く存続して地元の後輩たちに給与を支払いつづけることのできる会社が従業員からは高く評価されていました。このことを軽視することはできません。失業と隣り合わせの世界を生きる従業員に「革命」は遠い出来事でした。失業という今の生活の形を失う恐怖を知る人たちにとって、将来のために理想を追求したり、そのような生活を支える仕組みそのものをひっくり返したり、そして批判的に問い改善することは求められていません。現存する仕組みが格差を拡大させる不公平なものであっても、失業する恐怖にある人々がその仕組みやそれによってまわっている生活をいま守ろうとするのは当然のことです。失業の恐れを感じながら生きる彼らは不公平な現実を劇的に変えたり、現在の地位をのし上がっていく意思をもったりすることより、いまの現実を守ろうとします。革命のない大富豪から、彼らが保守的に生きるわけが垣間見えます。現状の地位をのし上がっていくような上下移動は、沖縄の建設業を生きるためには求められていないばかりか、そこで生きるためには特定の先輩のもとにはまり込むことが理にかなっているのです。

ボウリングも大富豪も、参加する若者たちの直面する現実やつくり上げた社会関係を映し出すものでした。アメリカのイタリア系移民の若者たちがおこなうボウリングからは、彼らが変動する社会関係を生きており、勢力争いを誇示するためにボウリングがおこなわれていました。一方で、沖縄の建設業でおこなわれる大富豪からは、特定の先輩とのいつもの展開となり、変化しない上下関係を生きていることをみました。そしてその関係は建設業で働く際に具体的に役立つものでした。

お金の流れ

ここまでボウリングと大富豪の様子から、若者たちの社会関係の動態についてみました。ホワイトはその社会調査において、「相互的な義務のシステムにおける地位関係は、金遣いを観察すればもっとはっきりとみえてくる」と述べます（Whyte 1993=2000: 266）。この指摘に従って、お金の流れに焦点を絞って彼らが生きる社会の特徴に迫ります。まずは『ＳＣＳ』についてみます。

ミラー団と呼ばれる街頭のギャング団を知っていた当時、リーダーのサム・フランコには、時折入る臨時の仕事以外に定職がなかった。にもかかわらず、彼が少しでも金を持っている時は、それをもっとも親しい友人であり、グループ組織のなかでは彼の次に位置する、ジョーとチチのために使った。ジョーとチチが金を持っているばあいには、しばしばというわけではないが、お返しをした。サムは、彼のグループの最下位に近い所にいる二人のメンバーのために、たびたび支払いをしてやったし、時には他のメンバーのためにそうしてやった。ジョーとチチのすぐ下に位置する二人の男は、コーナーヴィルの標準からみれば、かなり裕福だとみられていた。サムは時折彼らから金を借りることがあるが、決して一度に五〇セント以上借りることはないと話したことがあった。そしてそのような借金については、できるだけ早く返した。グループのなかには、より低い地位の男が四人いたが、彼らはいつもサムより金を持っていることが多かった。しかし、サムが彼らから金を借りたことがあるのを記憶していない。サムが語ったところによれば、街かど界隈で、相当の金額を手にしたことがあるのは、他の街かどのギャング団のリーダーである友人から一一ドル借りた時だけだということだ。

このような状況は、ノートン団についても同じことだった。ドックはダニーから金を受けとることをためらわなかったが、下の子分からそうすることはしなかった。リーダーは子分から受けとる以上の金を、子分のために使った。組織のなかでずっと低い位置にあるとみられる者ほど、リーダーから子分への義務となりがちな財政上の関係がずっと少ない。このことは、リーダーが、他のメンバーより金持ちでなくてはならないとか、あるいは、より多くの金を使う必要があるということを意味するものではない。けれども、リーダーたるものは、常に〝気前よく金を使う人〟でなくてはならないのだ。それは、財政上の関係は、社会的タームによって説明されなくてはならないということだ。無意識的に、あるいは場合によっては意識的にでも、リーダーはグループのメンバーに対しての自分自身の義務を遂行すべく耐えるものなのだ。（Whyte 1993=2000: 266-267）

ホワイトは、調査対象とした移民社会では上の地位に立つ者が下の者に気前よく金を使う人であるべきだという価値が共有される様子を描きます。そこでは仮に下の者の所持金が多い場合でも、上の者がお金を差し出します。移民社会では、自身のグループの勢力を拡大するゲームが展開されます。敵対するグループや隣町のグループと戦うためには、組織の大きさが物をいいます。その結果、移民第二世代の若者たちは、政治家になったり、マフィアのボスに成り上がったりし、また彼らの派閥に所属する下の者は口利きによって食い扶持を手に入れることができます。他方で勢力争いに敗れた者は、危うい立場で生きることとなるのです。このように上の者はお金を使って下の者を傘下に囲い込み、下の者はその見返りとして食い扶持を与えられるというギブアンドテイクの関係がつくられました。

　他方で沖縄の建設作業員の間では、そのような関係は確認できません。そもそも地位に応じた力関係ではなく、年齢に沿った上下関係がとられます。若いころは先輩に従い、先輩は与えるどころか逆に後輩から金銭も労力も時間も巻き上げます。そして後輩が年を重ねて先輩となると、かつて奪われたものを下の者から回収します。このことを前述したソロというトランプゲームをめぐるやりとりからみます。

　大富豪と並んでソロという賭けトランプを彼らはよく楽しんでいました。ソロは沖縄の各地で独自のローカルルールがつくられながら発展した人気のトランプゲームです。建設現場の昼休み、ビーチパーティーや忘年会で、いつもの先輩が一人勝ちするまで後輩たちは帰れません。ギャンブルを断る理由として「お金がなくなりました」も不十分です。そんなことを言っても、先輩から「だー、じん〔お金〕貸すよ。いくらいる?」と声がかかるからです。結果として、一晩で後輩たちの所持金のほとんどが先輩の財布に収まることとなります。その先輩は一晩でつぎ込める金額が大きいため、一時的に負けが込んでもだいたい挽回します。その様子を従業員たちは「勝つまでやるんだから負けないよ」と言います。確率上は先輩が負けることも起こりえるはずなのですが、威勢よく勝負を挑みつづけることで、後輩たちはその姿に圧倒されて勝負を降ります。ずっと見物することもできず後輩たちは参加費代わりの四、五千円を場に差し出してゲームから撤退します。先輩はそのお金でときどき、後輩たちを飲みに誘います。不釣り合いながら、そこには持ちつ持たれつの循環があります。その様子はまるで「鵜飼い」のようです。

わたしもこのような循環にはまり込んで大敗したのは先述したとおりです。当日の記憶をたどってみると、トランプを始めるにあたり手加減したり、調査の一環などと考えて参加したりすれば、その場を理解することはできないと考えたため真剣勝負で挑んだ記憶があります［＊5］。しかし、地元でギャンブル負け知らずの光司さんに、「ここで辞めとけ」と言われ、わたしはそれ以降の参加を制止されました。これまでトランプに後輩を強引に誘う場面には数多く遭遇しましたが、やめるように言い渡されたのは、わたしが初めてでした。かすかに今晩のゲームをなかったことにしてくれるのではないかとも考えましたが、帰りのタクシー代を出してくれて別れることになりました。別れ際に光司さんに「打越、またやろうな。じん〔お金〕貯めとけよ」と言われ、わたしは苦笑いで返すことしかできませんでした。

わたしのようなギャンブル初心者は、むきになって大敗することを光司さんは実地で教えてくれました。あれほど建設現場で汗水流して稼いだ給料は一晩でほとんどなくなりました。給料が減っていくとき、一日分の給料が数分たらずの一回のゲームで消えていくことへの恐れは確かにありました。しかしゲームのときはむしろ、数分で一日分の給料を取り返してやるとの思いが勝り挑んでしまいました。

光司さんによると、このような大敗は初心者がよく陥ることであることのようです。彼のいう「初心者」とは地元社会の新参者であり、多くの場合、具体的には誰かの生計のもとにあり今から建設現場に入ろうとする一〇代の若者です。つまり自分の生活のためのお金でゲームに参加していない者たちといえます。その後、若手の従業員の多くは世帯をもち、その世帯の生計のために働くようになります。するとその生活費などを差し引いた給料の残額でギャンブルをするようになります。ただし、実際にこのように自制しながらトランプに参加することはむずかしいのです。なぜならギャンブル中には金銭の貸し借りが頻繁におこなわれるため、持ち金が尽きたことでゲームへの参加を断ることができないからです。いつでも地元の先輩がお金を一か月一割の利率で貸してくれます。持ち金の有無ではなく、みずからの建設作業員として継続的に稼ぐ力と、今後の世帯の生活資金とを天秤にかけながら、その夜におこなわれるギャンブルをつづけるか、それとも打ち止めかを決断するのです。このような過程を経て、初心者は徐々に生活を意識し、大敗しない賭け方を身につけていきました。

光司さんは意地になるわたしを無一文になる寸前で止めました。これは光司さんなりの「やさしさ」のようで、また今後もギャンブルの「カモ（参加要員）」として考えているためのようでもあります。少なくとも、トランプゲームが先輩による後輩への際限のない略奪ではないこと、また「カモ」を「使い捨て」にしないものであることは確認できます。たしかにそれは、先輩が後輩から金銭を巻き上げる目的で実施されるものですが、先輩は後輩が無一文になる寸前で止めなければならない、そのような制限つきの関係でもありました。そして長い目でみれば後輩が中堅、そして先輩となることで、とられたものを回収する側にまわることになっていました。このように地元社会におけるギャンブルは、同時にいくつかの機能を果たしていました。

まずは、一番はずせない機能ですが、ギャンブルは先輩による後輩への略奪システムです。後輩は負けつづけることで地元の先輩からお金を借りたり、地元の建設業で働いたりするように仕向けられます。また、仮に勝っても次から先輩の誘いを断れなくなります。どちらにせよ、先輩の財布は潤い、後輩は先輩からますます逃れられなくなっていきます。しかしこの略奪システムは、かつては直接の暴力に基づく集金であったのに対し、現在は振るわれることが予期される暴力を担保とした集金となっています。そのようなことが継続的に起こるのは、後輩が間違えて勝ってしまうことがあるからです。後輩は勝ってしまうと次から先輩からの誘いを断れなくなります。またその後、獲得した額以上のお金を回収されると、地元の建設会社である沖組で働くようにすすめられます。その結果、地元の人間関係からますます逃れられなくなっていきます。このように先輩たちは直接の暴力ではなく、かつての暴力を予期させることでお金を集めることのできる関係をつくりました。がんじ絡めとなる過酷な関係ではありますが、それは日常的に直接の暴力が顕在化しない略奪のための社会関係でした。

つづいて、付随して生じることではありますが、ギャンブルは後輩の金銭感覚を生活に根づいたものにする教育システムでした。教育システムといってもそれは意図的なはたらきかけではなく、継続的に略奪するためにつなぎとめた結果として、後輩が習得することを可能とする教育システムでした。前述したように所持金が尽きることで習得するだけでなく、借りることのできる状況でも自制することで習得可能な金銭感覚であることが重要です。根こそぎとるのではなく、長きにわたって奪いつづけることの意図せざる結果として後輩たちは育つことが可能となっていたのです。

最後に、地元の先輩にとってのギャンブルは、後輩の近況を把握する情報ツールです。後輩たちは、どう取り繕おうと、ギャンブルの賭け方によって所持金、生活基盤、地元社会の地位や人間関係などを読み取られます。ギャンブルの賭け方が大雑把になったり、金遣いが荒くなったりすると、暴力団とのつながりや違法就労などが懸念され、身辺調査されます。光司さんたちは、地元の人間関係やその変化を、お金の流れやパターンで把握します。また金貸しの先輩にとっても後輩がどこで誰と何をしているのかを把握することは重要であり、常に目を光らせていました。

沖組の従業員は、その半数近くが給料日前に給料を受け取る前借りをおこなっていました。連日、前借りすることで同じ班の従業員は、誰が今いくらもっているかをお互いに把握し合っています。それゆえ、若い従業員はギャンブルを断れないのです。このように先輩たちは、地元の人間関係やその移動を、お金の流れやパターンで把握し、後輩たちを自身の支配下に囲い込みます。それは後輩を守るためであり、言い換えればみずからの後輩を手放さず、つぶさないためになされているのです。このように略奪の仕組みが同時につなぎとめる作用をもつという意味では守るものになっています。

このように、長きにわたって奪いつづけるために、教育が施され、情報をつかむ、それらを通じて、後輩たちは地元社会の一員となり、建設現場で一人前となります。ここでは奪いつづけることが重要で、そのためにつぶさないように育て、逃がさないように情報をつかむのです。ここからは、彼らのギャンブルがただ奪って「使い捨て」にするようなものではないということがわかります。

つづいて、いかにして先輩は「使い捨て」ではない関係をつくるのかについてみていきます。沖縄の建設業に就く若者たちの間で、先輩が後輩に気前よく振る舞うことはほとんどありません。たとえば、土曜の夜、従業員たちとキャバクラに行く際に、後輩たちは先輩を接待するため、キャバクラに行ってもほとんどサービスを受けることなく、女性スタッフとともに先輩たちの接待をおこないます（打越 2018）［＊6］。それにもかかわらず、先輩たちは後輩たちの飲み代を出すことはありません。当初、後輩たちは飲み代を支払うのに楽しんで飲めない様子がやや理不尽に映りましたが、その認識は徐々に組み替えられていきます。『SCS』で上の者が下の者に気前よく振る舞うのは、自身のグループの一員であることを確定させて、今後グループの勢力拡大のために、いろいろなことに協力してもらうためでした。よって、その見返りとして上の者が出すのです。それと重ねてみると、沖縄の建設業の後輩たちはキャバクラにくり出す時点では、まだどの先輩のもとでパシリとなるかが定まっていません。その見定めを先輩も、そして同時に後輩もおこなっているのがキャバクラにおける接待の場面なのです。特定の先輩がいるテーブルを盛り上げ、朝まで隣で接待する「付き合いのいい」後輩が月曜日からの建設現場で、その先輩専属のパシリとなるのです。それは後輩からみても、単純な収奪される関係としてだけではなく、理不尽な暴力や仕打ちを複数の先輩から受ける状態から特定の先輩に絞ることで、ある程度回避し、またその先輩の癖や感覚をつかんで働けるようになるので相互に働きやすい環境がつくられる過程でした。沖縄の建設業において、先輩は勢力争いをおこなう必要はなく、むしろ後輩たちに働きやすい立場を与え、特定のパシリとして面倒をみているのです。そのため、むしろギャンブルなどを通じて後輩から金銭を巻き上げますし、キャバクラ店で後輩の分まで支払うことはありません。勢力を拡大したり先輩と後輩の関係が組み替えられたりすることはないので、既存の収奪の仕組みはそのままで変わることはないのです。

調査場面でみたことは、もたない者が相互に借金し合い、互いに逃がさないようながんじ絡めの関係をつくる、そのような現実でした。もたない者が希少な資源を共有し、ともに生活を営むというストーリーは幻想でした。そうではなく現実はお金や力で後輩たちを縛りつける、ただしその隙間にもう一つの社会関係が芽生えるのです。それは社会の解体ではなく、もう一つの互酬性といえるものです。その社会関係は中学時代の暴力に基づいたものから、継続的に利益を吸い上げるものへと組み替えられています。その過程は、後輩たちにとって逃げられない関係に囲い込まれるだけでなく、特定の先輩のもとでよりましな上下関係にみずからはまり込む積極的なものでもありました。力だけで囲い込もうとすると後輩たちは逃亡したり、つぶれたりしてしまいます。そうではなく、とる／とられるの力関係を長きにわたって奪いつづける関係に先輩だけでなく後輩によっても組み替えていくのです。それは後輩にとって過酷な関係であることは変わりませんが、より安定的で見通しをもてるようになるものです。この相互につくり上げる「長きにわたって奪いつづける関係」は、沖縄の建設業を生きる過程でつくり上げた彼らの戦い方の軌跡です。そしてその戦い方から彼らが生きている世界の特徴をつかむことができます。

3　沖縄の建設業を生きる

ここまで沖縄の建設業に生きる人々の社会関係の動態やお金の流れについてみました。特に、賭けトランプに注目し、沖縄の建設業で生きるためには、上下移動は求められておらず、また支配関係にある者同士が、長きにわたって奪いつづける関係にたどり着くことをみました。ここでは、なぜ沖縄の建設業を生きる彼らがそのような人の動き方、お金の流れに沿って生きるのかについて、建設業の文脈に沿って述べていきます。

まずは沖縄の建設業の日常について紹介します。

現場号からの風景

建設現場は、朝八時のラジオ体操と朝礼から始まり、夕方五時半が終業時間となります。従業員はとにかく五時半をめざして働きます。現場は暑く、資材は重く、そして時には痛みもともなう、そのような時間が流れます。このような感覚で働くため、仕事を終えたときの解放感は、他のどんな仕事よりも格別なものでした。仕事を終えたあとの現場号（建設会社の移動用の車両）では、運転手を尻目に従業員たちはサザンスター（オリオンビール社の発泡酒）を飲み干します。この瞬間は、丸一日感じてきたあらゆる苦痛を忘れ、何も考えずボーっとしていられるひと時となります。

中堅、ベテランの従業員は建設現場で全体の目配せをおこないますが、新参者は目の前の作業だけに集中して一日を終えます。仕事を終え、帰宅しシャワーを浴びて夕飯をとり、寝床についたと思ったら、あっという間に次の日の朝になっています。そして早朝の現場に向かう車内は、その日の作業のことを考えると憂鬱な時間となります。一日のうち、帰りの車内だけが苦痛から解放され、何も感じず考えなくてもいい時間なのです。

建設業の現場で作業員として働いてみてわかったことの一つが、年間の暦や将来展望などの時間感覚を意識する機会がほとんどもてなくなるということでした。時間を意識するのはせいぜい一週間単位で、始まりの月曜は（先をみないように）その日一日だけを考え、水曜あたりからはカウントダウンを始めます。金曜そして土曜でやっと一週間を終え、その日の夜、繁華街へとくり出して朝まで飲み歩くと、たいてい日曜はつぶれます。そしてまた憂鬱な月曜がやってきます。この一週間のサイクルを、一年、そして一五歳から三〇代、五〇代までくり返します。考えることは、今週はいくら前借りをして、それで今週はどうやりくりするかといったことです。このような一週間を淡々とくり返すため、数年後のことは考えないようになります。

つなぎとめられる後輩

調査でお世話になった沖組は、一〇〇名近くの従業員を抱える型枠解体業でした。社長は、本土復帰前に内地へ出稼ぎに行った際、まだ明確に分業体制がとられていなかった沖縄の建設業界で、今後は型枠解体に特化した受注があると見込んで沖組を立ち上げました。仕事のノウハウは内地で身につけ、五〇代の従業員は中学時代の後輩たちを中心に集めました。現在では、三〇代の息子の後輩たちも働いており、沖組では二世代にわたり地元の後輩が働いています。

沖組にはいろいろな人がいます。中学時代に二回少年院に入った一六歳の浩之、覚せい剤で何度も刑務所に入り、出所してきたばかりの剛にーに〔兄貴〕。二人が働く姿はとても格好よくみえます。

社長　特別扱いしないよ。一五歳なってここに来たら同じように働いてもらう。甘やかさんよ。〔従業員は〕頭はバカだけど難しい仕事だよ。だから誇りを持って働けって言ってる。

調査時四〇歳代であった従業員のよしきさんに沖組で働きつづける理由を聞きました。

よしき　給料が毎月遅れずに満額出るさー。こんなとこ他にないよ。

沖縄の他の建設会社では給料日に満額支払われることはあたりまえではないといいます。

社長　最近の若いの見ても、義理人情がない。前借りさせてる。悪さしたらいけんさ。バイク買うためにしっかり働かんとって。若い子らはすぐ辞めるけど、それも織り込み済み。他の仕事、会社に行っても結局戻ってくる。きちんと給料を給料日に支払う仕事はそれだけで売りになる。他は未納、遅延ばかりだろ。

社長は従業員の行政罰による罰金を肩代わりすることもあります。罰金を納付できない場合、那覇の労役所で三か月ほど働くことになりますが、社長はその三〇万円を肩代わりします。従業員は借金を返すために沖組で働きつづけることになります。肩代わりしてもらってからしばらく経ちますが、ほとんどの従業員は返済できないままのようです。このように後輩たちは、地元の建設会社に強く引き寄せられながら働いています。

後輩たちの生活を支えた地元の建設会社

先ほども述べたように、沖組にはさまざまな人が働いています。暴走族あがりの若者、元暴力団関係者、夜は飲み屋に出勤しダブルワークで子どもを育てるシングルマザー、外国人、そして軽度の知的障がいが疑われる人たちなどがいました。そこは会社からすると利益を上げる場所であり、従業員からすると稼ぐための場所であるため、多様なバックグラウンドにある人々が働くことをめざすようなことはありません。しかし、結果として多様な人々が集う場になっていました。

剛さんも違法薬物の使用で刑務所から出所してきた従業員です。彼は、二〇年前から刑務所に入ったり出たりをくり返していました。そのように刑務所に入り浸る人たちのことを、他の従業員は「いちむどやー（行ったり来たりする人＝「懲役太郎」）」とよんで馬鹿にしていました。「復帰」前に生まれた剛さんは、一〇代のころからシンナーを吸い、その後は覚せい剤に手を出すようになったようです。出所しても、すぐに刑務所に戻ることをくり返しました。しかし建設会社の社長は、後輩である剛さんが出所するたび仕事に誘いました。

班長は、剛さんの働きぶりについては「使えない」と言い、評価はきびしいです。他方で「剛さん、しばらく刑務所、行ってないよ。前までは出て来てすぐ戻ってたのに、その前は一年、二年、今回は五年くらい行ってないはずよ」とも言います。建設現場では、暴走族あがりであることの「特権」も一時的なものです。また女性であること、障がいがあることへの「配慮」もほとんどありません。ただただ多くの資材を速く運び出せる能力と経験が評価されます。このように、現場では「使える」か否かだけで評価されることは変わらないのですが、同時に同僚による剛さんの〈生活－文脈〉理解はここで確かに進んでいます。このように建設現場では、そこに出入りするさまざまな人を相互に「使える」か否かだけで平等に扱う感覚と、それだけでは言い表せない、一人ひとりの従業員がそれぞれの人生を歩んできたことを尊重し合う態度がありました。

剛さんが刑務所に行く期間が空くようになったのは、とにかく刑務所から出てきてすぐ働く場所があったことが大きいように思います。そこで他の従業員から「使えない」と馬鹿にされながらも、日々汗を流し、休憩時間には昨日行ったスロットの結果について、みんなで盛り上がる姿がありました。現場号には、自身がいつも座る決まった席があります。建設現場での調査初日、わたしが現場号の空席に座っていると、次々と乗車してくる従業員から「どけ」、「新米はうしろ」とハイエースの最後部座席（ほぼ道具やごみなどでいっぱいの使われていない物置きのような空間）に移動させられました。またトランクには借り物ではない自身の道具が収納されています。特にバールはカラーテープが巻かれており、その色によって誰のバールかがわかるようになっています。そしてバールを使いこなせるようになること、つまり自身のバールをもつようになることが、建設現場で一人前になったことを示す証となっていました。

もちろんその席は休みがつづくと誰かが座ることになりますし、道具も自身が休みのときは他の誰かが使うことになるので、その席や道具はまったく代わりのきかない占有、所有物というわけではありません。しかし暫定的なものではありますが、いつもの席で自分の道具で働くこと、そのルーティーンのくり返しこそ、剛さんが不安定な家族やその後の就労形態で獲得が困難であったものでした。従業員の多くは、懸命に稼いだお金を握りしめスロットに賭けます。パチンコ店の出玉情報や最近の自身の結果について、自身が台を見極める力があることを誇示しながら語ります。仕事とその後のスロットのくり返し、当初、わたしはそれが平凡なものにみえ、どこに魅力があるのかわかりませんでした。しかし剛さんの表情を見ると、その興奮やそこで発せられる落胆の言葉が彼の生きる場所や生活からわき上がってきた固有のものであることがわかります。彼は、ここしばらく刑務所に行っていません。仕事のあとのビールは止まらず、現在はアルコール依存症の疑いがあります。班長は「覚せい剤よりはいいんじゃない」とからかっていました。こういう平凡にみえる生活のルーティーンや冗談を言い合える同僚こそ、彼のいまを確かに支える存在であるようにみえます。

県内の建設会社の多くは、その規模が中小零細であるため従業員を正規雇用することはできません。また従業員に社会保険などの加入もおこなえません。地元の建設会社が倒産したら、そこで働く後輩の従業員は失業するという瀬戸際にありました。しかし、地元の建設会社が地元の後輩たちに働く場を提供し生活を守ったことも事実です。県内の建設会社の多くは、完工実績や社会保険の加入実績では評価されません。また残業代が支払われないことも多い「ブラック企業」に分類されるかもしれません。しかし、このように沖縄社会の末端で生きる人々の生活を支えてきたことは見過ごしてはならないように思います。

地元の空間感覚

沖縄の建設業を生きるなかで、固定的な人間関係やいつもの展開となる賭けトランプが展開されることを理解するために、彼らが生活する地元の空間感覚についておさえておきます。

沖縄の南部にある那覇と中部にあるコザの街は二〇キロほど離れて位置しており、車なら（渋滞がなければば）一時間程度で移動できます。二つの街で通勤，通学している人も多く，その距離はそんなに離れていません。他方でこの二つの街の文化圏に温度差を感じている沖縄の人々は多いようです。それを感じるのは，用いる言葉や人間関係のとり方の場面であったりします。ヤンキーの若者たちのなかでも，その違いは存在するようで，那覇では「コザは独特だよね」と，コザ周辺では「那覇は怖い」と言われます。

あるとき，中部の建設作業員の竜二さんと剛さんから買い物に誘われました。購入したいものがあるが那覇の国際通りでしか売っていないので，付き合うように言われました。そこで当時，南部方面に住むわたしは，中部から向かう彼らと那覇で待ち合わせをすることとなりました。

——（国際通りの中心にある）てんぶすってわかります？

竜二　知らん。

——ジュンク堂，昔のダイナハ（ダイエー那覇店）は？

竜二　ダイエーは（中部にある）泡瀬しか知らん。

——（最近話題の）ＯＰＡはわかんないですよね……だったら新しいバスセンターわかります？

竜二　バス乗らん。

待ち合わせ場所がなかなか定まりませんでした。最終的にわたしたちは那覇警察署の駐車場で待ち合わせをして，国際通りへと向かいました。合流するなり，竜二さんは（コロナ前でしたが）コンビニでマスクを購入し顔を隠して歩きました。竜二さんは二〇年ぶり、剛さんは三〇年ぶりに国際通りを歩いたといいます。二人ともくり返し「那覇は怖いな」と呟いていました。

その日の夜、彼らの建設会社で従業員主催のボウリング大会がありました。チーム対抗戦の決着がついたあとは、行きつけのバーに移動し、ダーツをしたり地元のうわさ話で盛り上がったりしました。朝方になり少し酔いがさめてきたところで、キャバクラに行くことになりました。どこの店に入るかは、先輩たちのお気に入りのキャバ嬢のいるところと決まっています。後輩の従業員が地元の知り合いがボーイを務める店に電話し、料金や時間、この他にも指名料を渡さずに特定のキャバ嬢が席につけるかといった交渉を進めました。話がまとまったあと、先輩に電話を渡し「いま行って大丈夫か」と確認して、わたしたちは店に向かいました。

これは、店内に酒グセの悪かったり店で暴れたりしたことのある人物はいないかということの最終確認です。より具体的にはいまから向かうメンバーたちで敵対していたり、微妙な関係にあったりする人物はいないかという確認です。そのような日々更新される街の様子やいろいろな事情により変わりゆく人間模様を把握できることがこの街のボーイには求められたのです。

わたしと彼らとでは場所の見え方や空間感覚がまったく異なることを教わりました。わたしにとっては那覇よりコザの繁華街のほうが危なっかしく感じます。繁華街のキャバクラでトラブルに発展したり、お客が暴れたりといったことに何度か遭遇したことがあるからです。しかし彼らにとって、コザの繁華街は自分たちのテリトリーであるため、そこで何が起こるか予測ができ、また起こりうることになんとか対処ができるとの見通しをもっています。そしてそれができるのは、その場所で展開される人間の動きがみえているためです。よって彼らにとって人間の動きがみえない那覇は怖いのです。そこでは何が起きるか、何か起きたとして誰に解決してもらうかの見通しがもてないのです。わたしたちは、なんらかのトラブルに遭遇すれば警察や弁護士に頼ることができます。彼らにとってそれらは、叱られるところ、言葉の通じない相手であり、頼ることはできません。生きている世界が広いか狭いかだけでいうと、彼らの生きている世界は狭くみえるかもしれません。しかしみずからのテリトリーである地元社会では、自身の感覚に基づいて世界を把握し、現状を見通して対処する力を、彼らは確かにもっているのです。

ヤンキーうちなーぐちと言語実践［＊7］

ここまで沖縄のヤンキーの若者たちが働く建設現場の人間関係、そこで流れる時間や空間感覚についてみてきました。最後に彼らが日常的に話している、ヤンキーうちなーぐちとでもいうべき言語について紹介します。それはヤンキーの若者による沖縄言葉です。彼らの人の動きとお金の流れも、彼らの言語実践に沿って理解していきます。

若者言葉の特徴でもありますが、ヤンキーうちなーぐちも状況や関係性に応じてつくられたり変化したりする生きた言語です。地域や世代によってある程度区分されたうちなーぐちの分布をもとに、さらに職業や階層によってその区分は拡大／縮小します。

建設作業員の太一たちと繁華街に飲みに行った際、かつて暴力トラブルを起こしていた彼らはほとんどの店で入店を断られました。知り合いの店でさえそのような対応をされた彼はそのことを振り返って憤慨しました。

太一　わったー〔俺たち〕、〔飲み屋街には〕しっちょーのみー〔なじみの店〕〔がたくさんあるの〕で安く入れるよ。

——はい。

太一　〔だけどその日は〕でーじ〔とっても〕うしえてる〔調子乗ってる〕、○○街よ、○○街〔のボーイたちよ〕、わー〔俺〕が来たら、うん、変な顔するよ。〔俺のことを〕しかんでるよ〔ビビってるのよ〕。「はっ、わー〔俺〕が来てるば」、じらー〔みたいな〕〔感じで情報まわしてどこも入店できなくなった〕。やむんど〔懲らしめてやるよ〕。

——○○街ですか。

太一　うん、〔腹立つけど、逆に〕うかさいはずよ〔うけるよ〕、〔あいつら〕しなされるどー〔ただじゃすまないからな〕。

太一は家庭では父親や母親が不在で祖母や祖父とうちなーぐちの環境で育ちました。また建設現場では、ひとまわり上の世代の先輩たちからの指示はうちなーぐちでした。そのような環境を生きるなかで、彼はうちなーぐちを身につけました。またある状況や関係性において適切な言葉を用いることは、地元に根を張って生きる証となりました。ヤンキーの若者のなかでドスのきいたうちなーぐちをまくしたてる様子は、地元で先輩たちからしごかれ、かわいがられた下積みを経験したことを表すものでした。他方で中途半端なうちなーぐちは、そのような下積みを経験していないこと、つまり学校にまじめに通っていることが明らかになるものでした。

地元の社会関係をもとに地元で働く限り、ヤンキーうちなーぐちを身につけ使いこなすことは理にかなっています。このように自身の地位や経験、そして連帯感を誇示するために、彼らはうちなーぐちを崩して用います。他方で彼らは先輩と話すときはいわゆる日本語を話します。このように彼らの多くは異なる言語を使い分けていました。

沖縄のヤンキーの若者の多くは、地元のつながりをもとに地元の建設会社で働きます。建設現場では上下関係やその場でのみ通用する断片的で指示語の多い言語を運用する能力が求められます。たとえば、現場では先輩から後輩に指示が出される際に、「この建設資材を一〇分以内に外のステージまで五〇本運んでください」というような言葉による指示が出されることはありません。そのような場合、先輩たちは「えっ」という一言で、指示を出します。この一言で後輩は先輩が何を要求しているのか、どういう手順に従わなければならないのかということがわかるようにならないといけないのです。そこで間違えたり、再度確認したりということをしていたら、先輩たちのもとで仕事を進めることはむずかしくなります。後輩たちはそのような言語環境に適応するために中学生のころから先輩たちとの関係を築くことが求められます。わたしは書かれた言葉や口頭であっても文章でコミュニケーションをとることが多いのですが、建設現場の先輩と後輩は二人でしか通じない断片的な言葉ではあるものの確かにコミュニケーションに齟齬はなく指示が伝わります。そして、それをくり返すことによって後輩もより先輩に特化した言語実践に適応することが可能となっていました。このような感覚や技術、そのもととなる関係性は数年かけてつくり上げていくものです。ゆえに彼らは早々に学校を見切り、地元の特定の先輩と固定的でいつもの関係性を築き、それをもとに建設業で働くという見通しを獲得します。建設業に就くヤンキーの若者たちの言語は、地元の人間関係、建設業でのみ通用するものです。しかしこの高度に洗練された言語は建設業で一人前になるために、その人間関係やそこで交わされるいつものコミュニケーションを展開する際に確かな資源となるものでした。

4 沖縄のヤンキーの〈生活－文脈〉理解：長きにわたって奪いつづける関係をもとに

ここまで、沖縄の建設業の特徴について、そこを生きる際に求められる能力や習得した感覚とともに述べました。それは（1）いまを生き抜く現在志向の時間感覚、（2）上下移動や覇権争いが活発ではなく、固定的で変動しない後輩を囲い込む雇用形態、（3）目の前の人間関係で地元を把握する空間感覚、そして（4）地元の先輩と後輩の間だけで通用する限定的な言語といったものでした。それらの感覚や能力が求められるなかで、彼らは「長きにわたって奪いつづける関係」にたどり着きます。建設業で生き抜くためには、けっして推奨したり賛同したりすることではありませんが、後輩たちは力ある先輩のパシリとなることが理にかなっており、その地位は彼らが沖縄の建設業を生き抜くなかでたどり着いたものです。そしてそれらのことは、観察者であるわたしが彼らとともにパシリとなることで、その感覚や言語を部分的に習得した結果、理解できたことです。つづく補論では観察者自身の〈生活－文脈〉を示すこと、そして〈生活－文脈〉理解と観察者の変化について考えます。

＊1　構造から実践を説明するのではなく、実践のダイナミズムである戦い方から構造に迫るという方向が大切です。そのような視角と手順について、劉振業の研究を参考としました。劉は、中国の高齢者福祉施設で入所者が実施する賭け麻雀に注目しフィールドワークを実施しました（劉 2019）。劉は、そこでなされていた麻雀にロンと役がない点に焦点を当てます。他の参加者が場に捨てる牌でゲームに決着をつけるロンがないので、自分であがる牌を引くしかありません。これは複数の者が裏で手を組むコンビ打ちなどの不正行為を生じさせないためのルール変更です。またそろえる牌の難易度に応じて決められている役は、ゲームを複雑にするため簡素化されます。ゲームの張り合いを出すために低額の賭けはおこなうものの、基本的には施設利用者の関係をつくり、安らぐためにつくられたローカルルールで賭け麻雀はおこなわれます。そして、勝った者は差し入れをすることで平等性は担保されます。
　このように、ギャンブルのローカルルールやその共同実践のありようから、そこに参加する人々が生きている現実に迫る展開は、本章のアプローチと重なります。それは雀荘でおこなわれる本格的な賭け事ではな

く、また輪投げなどのなんの張り合いもないアクティビティでもない、そこに生きる人々がみずからつくり上げた共同の場や実践といえるものです。

＊2　この視角をとるにいたる過程では、社会調査の経験に加えて西原理恵子の以下のフレーズから多くの示唆を得ました。

「最下位」の人間に、勝ち目なんてないって思う？
でもね、「最下位」の人間には、「最下位」の戦い方ってもんがあるんだよ。（西原 2008: 60）

＊3　この描写は一六年前のフィールドノートの記述ですが、本章のねらいである観察者の変化を明示するために打越（2016）をほぼそのまま転載します。

＊4　後輩が稀に大勝することがありますが、それは後輩においても好ましい状況ではありませんでした。

後輩　ぜったい先輩とは（ギャンブルは）やりたくない。絶対（途中で）抜けきれない、エイサーのしーじゃ〔先輩〕とやったことあるけど、ソロ。最初五人いたのが、一人、ひとり抜けていって、最終的に三名で、朝八時になって、鳥がチュンチュンいってるさ。これもうじん〔お金〕返そうかなって思ったけど、もう（先輩が）意地なってから。（自分に）爆弾（大当たりが）出てから、先輩が「やー〔おまえ〕が積んだら（カードを配ったら）勝つなあ」ってから（不正行為を疑われて）、「あー」って（言うしかできなかった）。一万は勝ってるやっさー、いま一万置いて帰ろうかなあってから（考えた）。

……

（パチンコ店に先輩と行って）○○にいに〔兄貴〕が大負してる時、俺、ちゃーでー（大フィーバー）してるわけよ。（先輩に）「てーげー〔大概〕出てるなあ」ってから（言われて）、「わー〔俺〕も（直前に大当たりになった台に）五〇〇〇円くらい入れたのになあー」（って言われて）、しにあふぁー〔とっても気まずい〕さ。そしたらまた「シャキーン（リーチを知らせる効果音）」って鳴るわけさ。あふぁー〔気まずい〕よ。

＊5　正直に告白すると、この当時のわたしは専任の職に就いておらず、研究費もなかったため、自身の生活や

研究資金のために少し増やす、取り返すという気持ちで賭けトランプに挑みました。ここまでは調査対象社会の初心者と重なります。しかし給与のほとんどを一晩で失うような賭け方は、いまから振り返るといかにも生活が担保された者のやり方です。負けたら明日からの生活に支障をきたすような賭け方を、彼らは避けようとします。そのような遊び方を初心者は実地で習得していました。

＊6　そのことがよく表れているのは、キャバクラ店での座席順【図２・１】です。先輩を楽しませるために女性スタッフは先輩の両サイドに着席し、後輩は反対側に固まって座ってテーブルを盛り上げる配置となっていました。

＊7　ヤンキーうちなーぐちの詳細については、打越（2020）にて詳しく記録しています。

付記

本章は、拙稿（打越 2016, 2019-2020）をもとに、原形をとどめぬほど大幅に加筆修正したものです。なおそこには一部触法のおそれのある記述が含まれていますが、重要な記述であることからかつてのエピソードとして再掲しました。

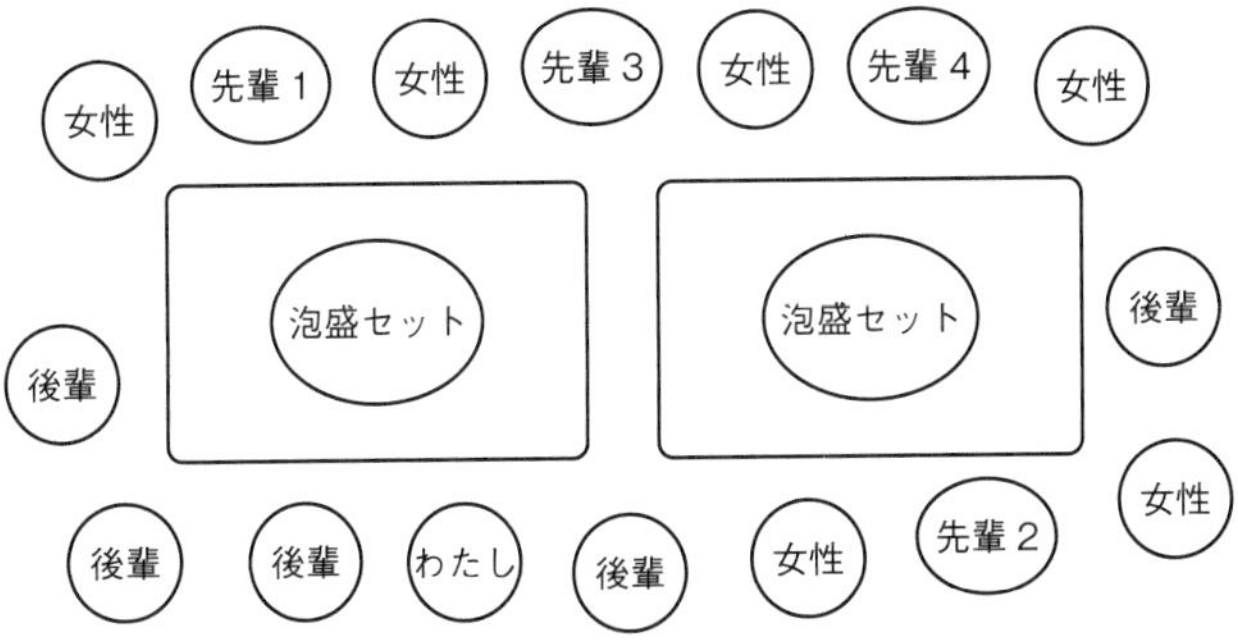

図２・１　キャバクラ店での座席順（筆者作成）

第2章 補論

脇の甘いフィールドワーカーがフィールドに巻き込まれた軌跡

第2章では、長きにわたって奪いつづける関係やパシリとして生きるということが沖縄の建設業を生きるためには理にかなったものであることについて述べました。補論ではそれらを理解するに至った過程で、いかにパシリとしての参与観察という手法にたどり着いたのか、その前史について紹介します［＊1］。それを通じて、〈生活－文脈〉理解について、そしてその理解の過程で観察者が変化をとげることについて考えます。

1　パシリ気質の父親

パシリとしての参与観察をおこなうに至った背景について述べるために、まずはわたしの父親の話から始めます。おそらく、小学校の高学年のころでした。父親がいきなり「お父さんは前科がついてるんだ」と告白したことがありました。話によると、彼が中学生のころ、学校に放火を企てるという脅迫状が届いたそうです。彼は一九四九年生まれなので、中学時代は一九六〇年代前半ということになります。

脅迫状の筆跡は、専門家ではなく教員が鑑定したようです。当時はまだそのような時代でした。その筆跡は父親のものと酷似していたらしく、彼は警察署に連行されてきびしい取り調べを受けました。わたしも調査中に取調室に連れていかれたことがあるので想像できますが［＊2］、取調室での追い込んでからのやさしい言葉をかけるという常套手段で彼はあっけなく自白してしまいました。「このままでは高校に行けなくなるよ。いま認めれば、警察もそこまではしないよ」と。その後、彼は生まれ育った呉市の公立高校には進学できず、広島市の私立高校に通うことになりました。

高校卒業後はマツダに就職したものの、しばらく経って、何を血迷ったのか、随時募集中［＊3］であった消防署にて働くことになります。いまから考えると賢明な選択ですが、彼が一〇代のころ、まわりは所得が倍増する様子を目の当たりにしてきたにもかかわらず、彼はただこんなことは長続きしないと考え、給料は大幅に減額するにもかかわらず転職したのです。今となってはそのおかげでわたしは親のすねをかじって研究をつづけることができました。

わたしが幼いころ、父親は事あるごとに「警察なんてろくなもんじゃない」とぶちまけていた記憶があります。彼は検問で運転免許証の提示を求められると、いつも警官に悪態をついていました。幼いころのわたしはその姿に驚きながらも警察相手でも果敢に盾突くうしろ姿に羨望のまなざしを向けていました。わたしも広島市や沖縄で暴走族の若者を対象とする社会調査で警官に盾突くことがありましたが［＊4］、影響を受けているのかもしれません。

しかし、その後の父親は非常に保守的な発言や人生を歩むようになります。事あるごとに、そしてわたしのやることなすことに「常識がなさすぎる」、「どこで誰が見よるかわからんのんで」などと言い、丸く、うまく生き抜く必要性を説きました。わたしは変わったかのようにみえる父親の姿を残念に思うようになりました。わたしは大学に進学し、そこでリベラルな思想と出会うなかで徐々に彼の言動を時代遅れの考えにしがみついているとみなすようになりました。

今から振り返ると、父親は中学生のころに衝撃的な体験をし、そのことへの反発として平の警官に盾突くという形で憤りをぶつけつつも、他方で警察権力の恐ろしさについて身をもって悟ったのではないかと思います。自分の関係ないところで突如、力をもつ者の思うままに人生を動かされ、目をつけられたらこちらはなす術がないということを彼は突きつけられました。そうであるなら、その後の守りに入った生き方も、また高度経済成長の只中に安定的な公務員へと転職したことも理解できます。いつでも人生を壊されうる恐れをもって生きる者が、力ある者や安定した生き方に過剰に適応する姿、それは尊敬もできませんし、かっこ悪くみえるかもしれませんが、部分的に理解できるものです。

そして、この力ある者に過剰に適応する姿、つまりパシリ気質は父親のものだけではなく、確かにわたしにも確認できるものです。可能な限り隠そうと振る舞いますが、わたしは力ある者に巻かれていく弱さを抱えた人間です。このことをかっこ悪いという自覚はあり、むしろそれゆえにそこから目を背けないことで、その弱さに落とし前をつけたいと考えています。このように、わたしの社会学実践のもとには、いつかむき出しとなるかもしれない権力への恐れと、その恐れに巻かれてしまう生き方を否定できない恥ずかしめの両方が確かに横たわっています［＊5］。

前置きが長くなりましたが、わたしがとったパシリとしての参与観察という手法は、恐れと恥ずかしめと向き合うなかで到達したものです。強いものに反抗したり、反骨心をもち弱い者同士で連帯し抵抗へと展開したりするような実践の方向ではなく、強いものに巻かれ、とにかくその場を切り抜けようと振る舞うパシリの態度が、わたしの身体には染みついています。父親からの影響だけでなく、自身の発達・成長過程において、自己内対話を避け既存の選択肢に飛びついたり、とりあえず切り抜けたりする形で逃避することが多かったように記憶しています。

そしてその態度は、きびしい上下関係をなんとか切り抜けながら生きる沖縄のヤンキーの若者や建設作業員の生き方と波長が合うものでした。わたしは彼らが先輩のいいなりとなりながらも、強かに生きる姿のすごみがよくわかりましたし、それを心から尊敬します。そして父親のことも少しは尊敬できるようになったような気がします。

2　脇の甘いフィールドワーカー

ここまでパシリとしての参与観察という手法にたどり着いた背景について述べました。以下ではそのような調査スタイルを確立するに至った過程について紹介します。

本著は二〇一一年から継続的に開催している研究会のメンバーとそこで蓄積された議論が基礎となっています。その研究会で主宰の宮内洋は、わたしの調査スタイルを「脇の甘いフィールドワーカー」と言い表しました。通常「脇の甘い」という言葉は、何か被害に遭遇したときに被害者にもそれを誘発するような落ち度があるようなときに使われます。たとえば、ポケットからあふれるように現金を持ち歩いていて、スリにあったようなケースです。しかし宮内は、その「脇の甘さ」こそがわたしの調査スタイルの特徴だと指摘しました。あまり後先考えずに誰ともどこへでもついていくスタイルは、フットワークがいいといえば聞こえはいいかもしれませんが、危なっかしいことも多いのです。沖縄での調査では、気がつけば調査対象者に闇スロット店に連れていかれ、会員紹介にともなうサービス特典のためにいつの間にかわたしも会員になっていたことがありました。ただ、彼らはそんな脇の甘いわたしとの関係を途絶えさせたり、また本当に「ヤバい」ところ［＊6］に連れていったりすることはありませんでした。調査での付き合いが長くなると、彼らはわたしのことをどんな人物かを把握したうえで、どこにどのタイミングで連れていき、誰と会わすのかを判断してくれていたことがのちにわかりました。わたしを「使い捨て」にするのではなく、「長きにわたって奪いつづける」関係にはめ込んでくれたのです。この人間関係にはめ込んでくれたことで、その関係のあり方が、沖縄の建設業を生きる過程でつくられてきたものであること、そして彼らはわたしをその関係に誘い出してくれたこともわかりました［＊7］。

3 〈生活－文脈〉理解と、観察者の変化

ここまで、観察者がパシリになることで沖縄の建設業を生きる男性たちが展開しているゲームのダイ

ナミズムに巻き込まれ、そのすごみや過酷さの一部がわかるということについて述べました。ここでは、その過程で生じていることがまさに本共同研究（共著者）で提唱してきた〈生活－文脈〉理解であること、そしてその理解においては観察者が調査対象社会に入る／の一員になるだけでなく、観察者の変化が必然的に生じるということについて述べます。

宮内洋は、〈生活－文脈〉について、「「私たちは文脈に依存しながら、やりとりを理解して」おり、「その文脈は自らの生活（これまでの、そしていまの生活）に密接に繋がって」おり、その〈生活〉に基づく文脈」（宮内 2019: 105）と述べます。〈生活－文脈〉を理解するということをわたしなりにまとめると、人々は相互に異なる〈生活－文脈〉を生きていること、同じ世界に立ち同じものを見ていても隣の人とまったく異なる解釈ができるということ、そしてそれらの異なる解釈の橋渡しをおこなうのが〈生活－文脈〉理解です。それはたしかに専門的な能力や技法が求められるものですが、他方で日常的に多くの人がやっていることでもあります。

以下では、そのような専門的でもあり、また日常的にもおこなわれる〈生活－文脈〉理解のポイントについて指摘します。

①「解る」ということ

以下で述べる〈生活－文脈〉理解における観察者の変化についておさえるために、少し時をさかのぼって「解る」経験について紹介します。二〇〇〇年の年末、琉球大学で開講された集中講義でわたしは宮内と出会いました［＊8］。四日間に及ぶ「誘惑」に満ちた講義にわたしは魅了されました。教育学部で数学を専攻していたわたしは、その後、専門を変更し、社会学のなかでもインタビューやフィールドワークを主たる方法とする分野で大学院に進学することを決断しました。その講義内で宮内は、以下の言葉を紹介してくれました。それは、歴史学者の阿部謹也が恩師である上原専禄の語った言葉として残されたものです。

「解るということはいったいどういうことか」という点についても、先生があるとき、「解るということはそれによって自分が変わるということでしょう」といわれたことがありました。それも私には大きなことばでした。もちろん、ある商品の値段や内容を知ったからといって、自分が変わることはないでしょう。何かを知ることだけではそうかんたんに人間は変わらないでしょう。しかし、「解る」ということはただ知ること以上に自分の人格にかかわってくる何かなので、そのような「解る」体験をすれば、自分自身が何がしかは変わるはずだとも思えるのです。（阿部 2007: 21-22）

ここで上原は「解る」ことは自身が変わることだと述べます。新原道信は、体験と経験の違いをおさえつつ、その変わる道程について述べます。

体験とはただ生起する史実を通り抜ける（fahren）ことであるが、経験する（erfahren）とは、自らが体験したことがらを、痛みをともなう形で（なぜなら自己の解体に直面するから）自らを切り刻み（analysieren）、ことがらの中に自己を埋め込みかつそこから切り離すという道程である。（新原 1995: 275）

解る／経験する過程における自己のあり方について、上原は「自分が変わる」と、そして新原は「自己の解体」と言い表します。ともに学ぶ側の自己の変化や解体に言及したうえで、新原は切り刻んだあとに自己を捨て去らずに埋め込む道程とします。このように、「解る」ということは、確固たる観察者から調査対象を分類したりタグづけしたりすることではなく、そのようなことをおこなう観察者の枠組みを更新していく営みであるということがわかります。そして、これらの指摘は〈生活－文脈〉理解における観察者の変化を考える際にベースとなるものです。

②〈生活－文脈〉理解における調査者――透明人間ではない

学ぶ者の自己の変化や解体は、調査場面における観察者のあり方にも応用可能な指摘です。観察するわたしに言及することについて、いくつか補足しておきます。

まず観察者が調査場面に生身の身体をもった存在として現れ出ない限り、相手のことを見たり、その話を聞いたりすることはむずかしいということについて確認します。社会調査、なかでも質的調査では、観察者が見る、聞くことが始点となるのでなく、調査対象者に観察者がその存在を認知され、見られることで初めて、観察者による見る、聞くが成立します。何者でもない者がそこにいるだけで、調査対象者を見たり、聞いたりすることはできないのです。見る、聞くということがすでにある立場から現実を切り取ったり、所与の前提をもとに聞いたりすることであるという意味で「加工」なのです。その前提となる立場や「加工」なしに、見る、聞くということのあとに得られたデータを解釈することはそもそも不可能なことなのです。つまり、観察者は透明人間として調査場面に居合わせることはできないということです。

このように観察者は透明人間ではありませんが、それでは何者として調査場面に立つべきなのでしょうか。宮内はあるエスニックマイノリティの呼称をめぐって、以下のように述べます。

自らへの言及は単なるナルシシズムの吐露や自己顕示欲の賜物ではない。他者の〈呼称〉の（暫定的であれ）決定行為は、自己への言及なしには不可能だと考えられるからである。もし、エスニシティにまつわる調査研究に際して、以上のような問題に出会ったことがないならば、それは単に採集した昆虫を陳列棚に並べていたのとまったく同じ作業をしていたことになるのかもしれない。（宮内 1999: 19）

この指摘は、呼称の場面に限定されるものではありません。観察者が調査協力者と相対する場面で、つまり調査協力者を見る場面で、観察者が何者としてそこに立つのかといった自己規定なしに調査協力者を見ることなどできないことを教えてくれます。そのようなことができてしまうのは、手元の図鑑に沿って陳列棚にただ分類する、つまり図鑑そのものは書き換えられないという前提があってできることなのです。

観察者による自己言及は、自身もまた〈生活－文脈〉に沿って生きており、それに基づいて自己表出をおこなうことを避けられないということにたどり着きます。終章で宮内は「見る側・聞く側・考える側自身の〈生活－文脈〉の理解の重要性」について述べますが、この指摘をわたしも共有します。そして、その自己表出を取り繕った振る舞いやよそ行きの言葉でおこなうことは誠実な態度とはいえませんし、そもそも調査対象者に通用するわけがありません。自身がこれまでいかに生き、何者としてそこに立つのか、それを調査対象者に見定められているのであり、語る／見せるに値する存在としてそこに現れ出ることが求められているように感じます［＊9］。その点では、観察者と調査対象者ともに、それぞれの〈生活－文脈〉に沿った存在として調査場面に立ち現れるのです。調査対象者の〈生活－文脈〉理解のためには、観察者は自身の〈生活－文脈〉から距離をとることはできないのです。調査対象者の面前に観察者が現れ出ることは、調査を進めるうえでの前提となることです。

また〈生活－文脈〉を欠いた観察者は、調査を通じて魅力的な知見にたどり着くことはできません。たとえば、透明人間やスマートスピーカーのような〈生活－文脈〉を欠いた対象には、コミュニケーションにズレが生じない、もしくは計算可能なズレしか生じません。調査でやりとりされる言葉がズレて、そのズレが調査データとして魅力的なのは、傍から見ればズレているにもかかわらず、本人たちはそれぞれズレているとは微塵たりとも考えておらず、それぞれの〈生活－文脈〉に沿ったものととらえられているためです。観察者が調査対象者の語ることがわからないために理解しようとするのが社会調査の目的であり、観察者は調査対象者とズレているから、場合によっては教えてくれるといった展開になりうるのです。仮に観察者が調査対象者のいうことをすべて完璧に受信し、記録する透明人間（録音機）や、常に最適値で的確に反応するスマートスピーカーでは、ねらっていないのに結果としてズレるといった「意図せざるズレ」が生じないのです。観察者と調査対象者の間にズレのないところからは、現実を見ることも語りを聞くこともできませんし、「意図したズレ」からは魅力的な調査データは得られないのです。みずからは「ズレてない」と言い張る、そのような観察者と調査対象者とのやりとりから生じる「意図せざるズレ」からこそ、何かおもしろい知見が生じうるのです。

このように、観察者も自身の〈生活－文脈〉を生きる存在であることは避けられません。それぞれの〈生活－文脈〉は、それを生きる当事者たちは大きな矛盾なく生きることができますが、他者の〈生活－文脈〉は簡単には理解することはできません。そこで異なる世界の理解しがたい他者として理解することを諦めるか、もしくは自身の〈生活－文脈〉に他者を位置づけることとなりがちです。そうではなく、観察者の〈生活－文脈〉を組み直そうとする他者理解が確かに存在するのです。これが本稿で述べてきた、〈生活－文脈〉理解における観察者の変化といえるものです。

4　時間をかけて馴染ませる

ここまで〈生活−文脈〉理解における調査者の態度やその変化について述べました。最後にその過程について振り返ります。

わたしは二〇代後半から極度の閉所恐怖症を発症し、それ以降は飛行機による移動ができなくなってしまいました。沖縄に住んでいるときは、特に不都合なことはなかったのですが、東京に住むようになってからは、調査に向かうためには鉄道とフェリーとで片道二日ほどかけて、沖縄に向かうことになりました。

若いころは、なんて不便なんだと感じていましたが、最近では慌ただしい時間を過ごす日常から二日間ほどかけて、頭を調査モードに切り替えるための時間と考えるようになりました。いままでのフィールドノートを読み直しながら、頭も体も調査モードに慣らしていくための貴重な時間にしています。調査を終えた東京への帰路では、集中的な調査を終えて、それをフィールドノートにまとめながら、そしてフィールドで見たこと、聞いたことを考えながら帰る貴重な時間となっています。

東京に帰ってからも、調査でお世話になった人たちのことやそこにあった生活や社会関係のことを思い返します。その点で、フィールドワークは調査地でのみおこなわれるものではなく、調査地と非調査地は連続しています。しかし、わたしはその連続性より、それらが切断されていることによって調査地のことを整理し振り返ることができるように考えます。その切断された境界は調査地と非調査地の境界であり、調査者と調査対象者の間にある境界です。それを、うやむやにしたり、軽く乗り越えたりせずに、こだわりつづけること。暴力や差別、貧困に憤ることはわたしの研究活動の基礎となるものですが、その憤りを調査地や調査者の〈生活－文脈〉と連続した地平でおこなうこと。そのように調査地や調査者を切断せずに、境界によって生じる距離やわからなさを、自身のものの見方を組み直しながら愚直に理解を進めること。そのためには、調査者の身体はできるだけ開放的にして調査対象者から学ぶことは変わらず重要なことといえるでしょう。

このように、開放的な態度により受け入れた、調査協力者の生活、語りをじっくりと時間をかけて観察者自身の〈生活－文脈〉に「馴染ませる」ことができるはずです。馴染ませる過程は、いますぐ概念化したり定式化したりするのではなく、時間をかけて理解を試みることです。わたしは一五年以上かけて、彼らの「長きにわたって奪いつづける関係」を彼らが生きる地元や人間関係の文脈で部分的に理解してきました。一五年はあまりにも効率が悪いですが、大切なのは焦らずにこちらの枠組みを組み替えながら理解しつづけることです。観察者の変化をくり返す過程で、調査者の身体感覚や生活の履歴を捨て去らないことが重要です。可能な限りなんでも受容する態度と、受容する際の感覚や受容する過程の時間を捨て去らずに、その境界を言語化することを心がけてみてください。観察者による自己内対話をじっくりと進める他者理解として、わたしは〈生活－文脈〉理解を強くすすめます。そのような理解の仕方は、根本的に現実を変える／つくる力となりえます。それがわたしにとっての〈生活－文脈〉理解の意義と魅力であり、他者理解を困難なものとし単純化するいまこそ求められるものだと考えています。

＊1　本章は、パシリとしての参与観察をおこなうに至った背景や前史について述べますが、その方法の調査論上の位置づけや意義については、打越（2023）を参照してください。

＊2　広島市での調査初日、わたしはいつの間にか広島中央警察署の取調室に連行されたことがあります。取り調べが始まるや否や、体格の大きな担当者がいきなり事務机を叩き上げ「おまえは何をしたのかわかっているのか！」と叫び上げたあと、「私たちもあなたがやったことではないことくらいはわかっていますから、正直に話してくださいよ」と囁く展開となりました（打越 2016: 87）。

＊3　現在ではとうてい考えられませんが、当時は役所の掲示板に公務員は随時募集中であったことが記載されていたようです。経済成長は、それをリードした民間企業に注目されがちですが、それを支えたのは、多くの人がいつでも公務員になれたということ、つまり食い扶持を保障された時代であったということこそ、特筆すべきことです。

＊4　調査中のわたしが職務質問を受けて警察に盾突いた結果トラブルに発展したことがありました。そのときは、その場にいた調査対象者の少年たちに間に入ってもらって助けてもらいました（打越 2019: 47）。

＊5　強いものに巻かれてしまう恐れ、その恐れを払拭できない恥ずかしめは、社会を変えたり、組織をリードしたりする際には、致命的な欠点です。なんとか克服したいのですが、最近はこの恐れと恥ずかしめの感覚を捨て去らずに直視するようになりました。冒頭で書いた父親の、そしてわたしの生き方は、正しくないし、情けないものです。そのような態度をとるわたしは、そのような人々を、そしてわたし自身を書くことにかけています。それを書くことも社会を支える基礎となることだと考えています。

＊6　隣町のヤンキーグループとの決闘の場面や知人が取引する違法薬物のやりとりなどの場面などがそれに当たります。わたしはそのような場所や機会に誘われることはありませんが、闇スロットの会員紹介や愛人とのカラオケデートなどには誘われて参加してきました。この見定めの過程は、彼らによるわたしの〈生活－文脈〉理解といえるものかもしれません。

＊7　この関係がつくられた、沖縄の建設業における歴史的、社会的背景については打越（2018a, 2020）にて詳しく展開しています。

＊8　宮内が展開した集中講義の詳細については、打越（2018b）で紹介しています。現在は歳を重ね円熟味を増した噺家のようなスタイルとなりましたが、当時は大学講義のギリギリを果敢に責める漫才師のようなスタイルでした。それは枠を壊したり、枠をないがしろにしたりする陳腐なおもしろさではなく、枠内で枠を弄ぶすごみとしてわたしは受け取りました。そのスタイルは講義だけでなく、研究業績でも存分に楽しむことができます。

＊9　観察者にいわゆる「誠実さ」を求めているのではなく、自身のこれまでの生き方に沿った態度でいるという意味での「まっすぐ」な態度は調査対象者に見られているように思います。たとえば、詐欺師として生きてきた方が「盗みはよくない」と話すことは「誠実」かもしれませんが「まっすぐ」な態度とはいえません。そのような反応では、ここまで述べた観察者の〈生活－文脈〉を消し去ることとなり、〈生活－文脈〉理解は困難となると考えられます。この点で〈生活－文脈〉理解は、往々にして保守的で現状を追認することになりがちですが、それは〈生活－文脈〉が変わるのに時間がかかるためです。その点では、じっくり変わることをとらえうる理解の方法でもあります。

第3章

成人期の政治行動をとおして考える〈生活－文脈〉理解

市町村合併の事例から

新藤 慶

本章では，市町村合併をめぐる地域社会における政治行動をとおして，成人期の〈生活－文脈〉の理解を進めていきます。1990年代後半から進められた「平成の大合併」は，人々の生活の基盤である地域社会のあり方を大きく変えるものとなりました。そのため，合併の賛否をめぐって地域社会内で激しい対立がみられる地域も少なくありませんでした。本章ではそのなかでも，群馬県旧富士見村と旧榛名町を対象に，合併論議と〈生活－文脈〉のかかわりの理解を試みました。

その結果，両地域では，住民の多数派は合併賛成なのに，何度かおこなわれた選挙や住民投票では合併反対派が勝利することもあり，合併論議を混迷させたことがわかりました。その背景には，同じ自民党支持層のなかでも，いずれの政治グループを支持するかの違いが関連していました。しかも，それらの政治グループは，合併そのものに明確なポリシーはなく，相手陣営の「アンチ」の立場をとることで，地域政治における主導権を握ろうとしていました。こうした政治グループによって住民の選挙などでの意思表明が規定されるとともに，政治グループに連なることで生活の安定・向上を図るという人々の〈生活－文脈〉の存在がみえてきました。

1 はじめに：市町村合併論議と住民の〈生活－文脈〉

最初に、【図3・1】をご覧ください。これは、二〇〇六年一月に市町村合併によって新たに誕生した群馬県高崎市の地図です。合併前の旧高崎市（高崎地区）に、旧倉渕村（倉渕地区）、旧箕郷町（箕郷地区）、旧群馬町（群馬地区）、旧新町（新町地区）の四町村が合併して、新たな高崎市が誕生しました。しかし、この地図で目を引くのは、倉渕地区と新町地区が、他の地区と隣接していない、いわゆる「飛び地合併」となっているということです。一九九〇年代後半から進められた市町村

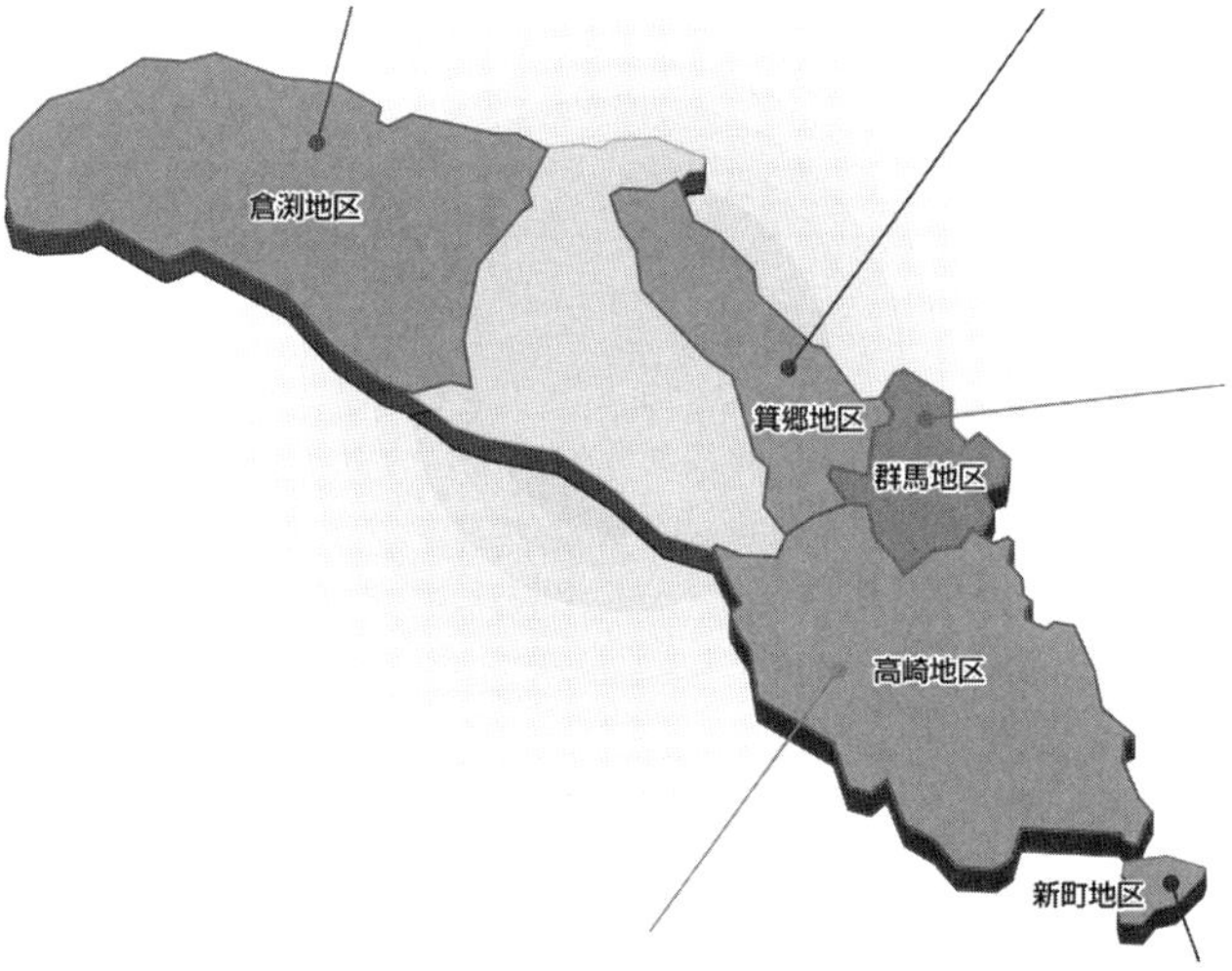

図3・1　2006年1月時点の群馬県高崎市の地図
（https://www.gappei-archive.soumu.go.jp/db/10gun/takasaki/misato/data/program.pdf（2023年12月25日閲覧））

合併（平成の大合併）では、このような飛び地合併が全国で一二例みられたそうです［＊1］。市町村は、一定の地理的な生活空間を共有する人々によって形成される基礎的な共同体の代表例ですが、前述のような飛び地合併の事例は、市町村が、地理的な生活空間の近接性のみを基盤として形成されるわけではないことを物語っています。そこで本章では、こうした飛び地合併など、市町村合併をめぐる問題のプロセスを、住民の〈生活－文脈〉の観点から読み解いていきたいと思います。

「飛び地合併」の問題は、一方で、市町村など行政上の圏域が、そこに暮らす人々の生活圏と必ずしも一致していない可能性も示唆しています。この点に深い関心をもっていたのが、日本の社会学を確立したといわれる鈴木榮太郎や有賀喜左衛門といった社会学者たちでした。特に鈴木は、「自然村」（あるいは「自然都市」）という概念を提起し、市区町村といった行政上の区分である「行政村」（あるいは「行政都市」）の内部に、人々の〈生活－文脈〉とより密着した圏域があることを提起していました。つまり鈴木は、市区町村といった「行政村」や「行政都市」は人々の〈生活－文脈〉が展開される圏域よりは大きな範囲で設定されており、人々の生活実態とは必ずしも一致していないことを見いだしました。その一方で、人々にとって身近で、人々の生活実態に立脚した圏域が「行政村」や「行政都市」よりも小さな規模で展開されていることを発見し、これを「自然村」、あるいは「自然都市」として抽出したわけです。

また鈴木は、「社会学者が取扱う都市が、主として自然都市であって、行政都市ではない事は当然である」（鈴木 1969: 249）と述べ、この「自然村」や「自然都市」こそ社会学的探究の対象であることを指摘しています。さらに、昭和三〇年前後に進められた市町村合併（昭和の大合併）を前に、自然村（自然都市）のあり方が大きく変わる可能性があることから、市町村合併に強い関心を抱いていたことも指摘されています（大谷 2015; 山崎 2015）。

さらに、鈴木や有賀は、広い意味での「生活」が、職場での生産・労働の領域と、家庭や地域での生活の領域から構成されるものと考えていました。そこで、成人期の〈生活－文脈〉を扱う本章では、地域社会で暮らす人々の〈生活－文脈〉に焦点を当てることとし、具体的には、前述の市町村合併の事例から、成人期の〈生活－文脈〉と地域社会における政治行動との関連を考えていきたいと思います。以下では、わたしが以前おこなった群馬県内の二つの市町村合併の事例研究をふまえながら、地域社会における政治行動を、住民の〈生活－文脈〉の理解に関連づけて把握していくことを試みます。そこに入る前に、まずは鈴木や有賀の研究から、地域社会における人々の〈生活－文脈〉理解を進めるうえで参照すべき知見を確認していきたいと思います。

2　住民の生活圏と「村の精神」という文脈：鈴木榮太郎の議論

「村の精神」

鈴木榮太郎は一八九四年長崎県に生まれ、東京帝国大学、京都帝国大学大学院で学んだのち、岐阜高等農林学校、京城帝国大学、北海道大学、東洋大学、和光大学で教鞭をとり、一九六六年に亡くなっています。特に農村社会学、都市社会学の分野での研究を数多く発表し、その業績は、今日の社会学でもたびたび言及されています。

鈴木の代表的な理論の一つが、「自然村理論」とよばれるものです。鈴木は、日本農村の研究をつづけるなかで、人々が関与している地域社会には三つのレベルがあることを見いだしました。身近で、範域が小さい順に、第一社会地区、第二社会地区、第三社会地区と設定されています。このうち、第一社会地区は字（小字）や組にあたる範域、第二社会地区は大字［＊2］にあたる範域、第三社会地区が行政的な区分である町村にあたる範域と設定されています。ただし、通常「村」といった場合、行政的な区分である「村」が想定されるわけですが、鈴木は、人々にとってより重要な意味をもつ「村」は第二社会地区であると考えました。つまり、第二社会地区は、自然発生的に人々の生活の必要によって形成された村であり、第三社会地区は、行政的な必要に応じて形成された村だととらえたわけです。そこで鈴木は、第三社会地区を「行政村」とよび、第二社会地区を「自然村」と分けてとらえることで、人々にとっての地域社会のもつ意味を、より深く追究していこうと考えました。

この自然村での社会的統一の基礎をなすものとして鈴木が位置づけたのが、「村の精神」です。この村の精神について、鈴木は以下のように指摘しています。

現在の個人等または個人等の意志は、遠き過去からの計り知れぬ多くの村人につながっている個人等であり意志である。私等はそこに時代時代の個人たちを縦にも横にも貫いている一個の精神の存在を認めざるを得ない。それは生活のあらゆる方面にわたる体系的な行動原理である。この行動原理を社会意識内容としてあるいは不文の憲法として、それに照らして相互に相たすけ相いましめ道義的自治の一王国をなすもの、それが集団としての村である。（鈴木 1968: 106–107　傍点は原文）

また、「個人等の意志や関係が村をつくるのではなく、村の精神が、個人等の意志や関係を鋳出する」（鈴木 1968: 107）とも指摘されています。つまり、個人の意志やそれに基づく言動が集積されて村ができるという「個人→村」という関係性よりも、村の精神が、個人の意志や言動を形成するという「村→個人」という規定性を強く打ち出しているということになります。

加えて、前掲の引用箇所では、「現在の個人等または個人等の意志は、遠き過去からの計り知れぬ多くの村人につながっている個人等であり意志である」と説明されています。つまり、この村の精神は、「遠き過去からの計り知れぬ多くの村人につながっている」ものだと考えられており、この点で、この村がもつ「文脈」が意識されていることがわかるかと思います。こうして人々は、地域社会によって多くを規定されながら、〈生活－文脈〉を形づくっているととらえられます。

購買行動と〈生活－文脈〉

一方鈴木は、人々の生活行動の具体的表れとして、購買行動に着目しました。東京や札幌といった都市の住民調査からは、購買行動のなかでも蔬菜（野菜）類や鮮魚類などはごく近隣で購入されるのに対し、衣料品などは遠方に買い求める様子が描かれています（たとえば、鈴木 1969: 361）。また、札幌市での浴場の利用調査ではごく近隣の「三丁四方」（三町四方、一辺が約一七三メートル）に住む者が約七割であるのに対し（鈴木 1969: 365）、質屋の利用者は「九丁四方」（九町四方、一辺が約三〇〇メートル）で約六割と比較的広くなっています。これについて、「質屋利用者地区が案外に広いのは、質屋利用が名誉な事でないことに起因するものと思われる」（鈴木 1969: 364）と説明されています。

同じ購買行動をとっても、その用務の意味合いが変われば、圏域にも差が生じていることがわかります。たとえば、質屋の利用状況については、それを「名誉な事でない」とこの地域の人々に認識させる、この地域の「村の精神」が影響を与えているととらえられます。その意味で、この点の鈴木の分析は、それぞれの購買行動のもつ意味や、その結果形成される生活圏を、人々の〈生活－文脈〉の観点から理解するものとも受け止められます。

3　農民の日常生活と「生活組織」という文脈：有賀喜左衛門の議論

ここでもう一人紹介するのは、有賀喜左衛門です。有賀喜左衛門は、一八九七年長野県に生まれ、東京帝国大学・同大学院で美術史学を専攻します。その後、柳田國男のもとで民俗学の研究に従事し、さらに、田辺寿利や戸田貞三といった社会学者との交流を経て、社会学を基盤とした研究に打ち込むようになりました。東京教育大学や慶應義塾大学で教鞭をとり、一九七九年に亡くなっています。

有賀の研究も、村落や家を中心として膨大に及びますが、そのなかに「生活組織」という概念があります。有賀は、当時の村落研究におけるマルクス主義の隆盛を批判的にとらえています。そのことを有賀は、「私は百姓一揆や階級闘争ばかりを取り扱っている左翼科学に不満を持った」（有賀 1968: 13）と表現しています。資本主義社会を、資本家階級と労働者階級の対立構造として把握し、労働者階級が真に幸福を得るためには労働者階級による革命が必要だとするマルクス主義の立場からすれば、村落研究においても、労働者階級による革命につながる「百姓一揆」や「階級闘争」が研究主題になるのは当然だともいえます。

しかし有賀は、「農民がいかに愚昧に見えるとしても、彼らの村の生活を作り出したということは明らかな事実であるから、この意味を確実に捉えずに、村落生活は理解できない」（有賀 1968: 13）と述べています。そのうえで、「経済のみならず、信仰祭祀にも、道徳にも、言語にも、住居にも、慣習法にも、何にでも、彼らの想像した生活組織が顕れ、これによって運営されている姿を捉えることが非常に大切だと考える」（有賀 1968: 13）と説明されています。つまり、村落の研究にあたって、「闘争」的な部分だけではなく、村落に住む農民たちの日常生活を正確に記述することが重要だという意識が読み取れます。まさに、〈生活－文脈〉理解の発想と通じるところがあるかと思われます。

ここで提起された「生活組織」という概念ですが、通常の「組織」とは少し違った位置づけ方がなされています。熊谷苑子は、「生活組織とは、生活の維持につながる意識・行動のパターン」（熊谷 2021: 130）と説明しています。熊谷は、有賀が分析に用いる「組織」について、「生活組織とともに使われる概念に、社会組織、労働組織、祭祀組織、政治組織などがある。社会組織は、社会を構成する制度体の意味で使われる。労働組織は、家、組、村などの労働力構成を論ずるときに使われる。祭祀組織は個別の祭祀の運営の担い手を意味している。政治組織は、権力構造を指している」（熊谷 2021: 130）と説明を加えています。通常、「組織」といった場合、複数の個人が集まってつくられる集合体を想定することが多いかと思います。その点では、「祭祀組織」は「担い手」をさすなど、こういった集合体という意味での「組織」とはやや異なる使われ方がなされています。

さらに「生活組織」の場合は、「意識・行動のパターン」と説明されており、人の主観的な部分を含む点で、通常の集合体としての範囲をかなり超えている印象があります。このような理解の仕方は他の研究者からも示されていて、たとえば平野敏政は、「生活組織の中に意識、意味、あるいは日本人の社会生活を起動する集合的動機（エートス）が含意されている」（平野 2000: 79-80）と説明しています。この点では、意識や精神といった主観的な領域を含み込むものとして「生活組織」が想定されていることがうかがわれ、その意味では、先の鈴木による「村の精神」とも通じるところがあります。

この点にかかわって、足立重和は、「人びとは、次々と押し寄せる外部からの生活条件になすがままではなく、生活組織を立てて、生活条件を改編しながら生活している（有賀 1968）。たしかに、人びとは、ひとりではいかんともしがたい生活条件を皆で暮らしやすくするために改変するのに生活組織があり、それがまったくない生き方などないのも十分にわかっているが、それでもなんとなく違和感をもつときがある。だが、そのような生活組織のちからがなにかの拍子で薄まったり、緩んだりしたとき、それまで抑え込まれていた「人情の自然」（本章でいう感受性）のほうが膨らんでくる」（足立 2018: 16）と述べています。ここで「生活組織」と「人情の自然」という概念が出されていますが、「生活組織」が、どちらかというと集合体が個人の主観を規定する要素であるのに対し、これに抗する人々の意志を「人情の自然」と位置づけているようにもとらえられます。

一方、足立とともに、有賀の知見をベースに、環境問題を人々の生活から把握する「生活環境主義」（鳥越・足立・金菱編 2018など）の立場からの研究を重ねている山室敦嗣は、新潟県巻町の原発建設をめぐる住民投票の事例から、「自らの意思や立場をあからさまに表明することを抑制する規範」としての「しがらみ」という概念を提起しています（山室 1998: 192）。具体的に「しがらみ」とは、「日常的な社会関係の累積を基盤に形成され、自らの意思や立場をあからさまに表明することを抑制する地域生活規範である。

分析的にいえば、地域生活をつつがなく送るために他者との良好な関係を保つ配慮的な側面があり、それは共同性維持装置として作用する。一方で、外部条件を導入し地域権力構造に位置づける従属強制的な側面もあり、それはある立場の住民に対して抑圧装置として作用する」（山室 1998: 192）と説明されています。つまり、「共同性維持装置」であるとともに「抑圧装置」でもあるといった点で、有賀のいう「生活組織」を今日の地域社会の実情に合わせて位置づけたものが「しがらみ」ととらえられます。

このように、鈴木のいう「村の精神」も有賀のいう「生活組織」やそこから展開された「しがらみ」も、人々の主観に大きな影響を与える地域社会の文脈に着目していることがわかります。その点で、地域社会の政治行動を〈生活－文脈〉の観点から理解をしていくといった場合、こうした鈴木や有賀といった先達の研究業績との連続性を見いだすこともできるわけです。

4　群馬県旧富士見村における市町村合併問題［＊3］

富士見村の概要

それでは、具体的な争点をもとに、地域社会における意志決定を、地域住民の〈生活－文脈〉理解の観点からとらえていきたいと思います。

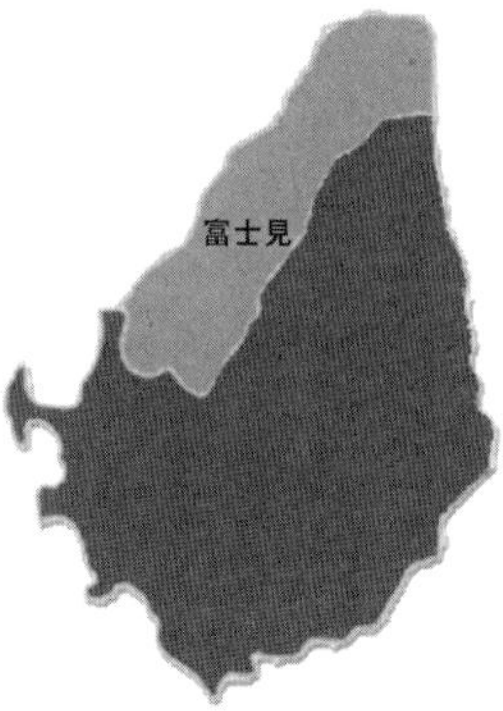

図３・２　現前橋市における富士見地区の位置
（http://www.city.maebashi.gunma.jp/ctg/01300114/01300114.html（現在はリンク切れ））

まず、ここで対象とするのは、群馬県旧富士見村の市町村合併問題です。旧富士見村は、一八八九（明治二二）年の市制・町村制施行によって誕生しました。近代以降の日本の自治体については、大きく三つの動きがありました。一つが、この一八八九年の市制・町村制の施行です。このときに市町村に独立の法人格が認められ、公共事務・委任事務の執行、条例や規則の制定権の付与、市長・町村長や市会・町村会の設定などがなされました［＊4］。今日の市区町村制度の基礎が築かれたととらえられます。この結果、三九の市と一万五八二〇の町村が設けられ、あわせて一万五八五九の市町村が設立されました。

二つめが、一九五三年に施行された町村合併促進法に基づく、いわゆる「昭和の大合併」です。これによって、町村合併促進法施行時点に九、八六八あった市町村は、この法律が失効した一九五六年九月時点で三、九七五まで減少しました。

さらに三つめが、一九九五年の市町村合併特例法の改

表３・１　旧富士見村の人口の推移

年次		1990	1995	2000	2005
人口（人）	男	8,424	9,549	10,434	11,024
	女	8,672	9,813	10,839	11,297
	計	17,096	19,362	21,273	22,321
世帯数		4,367	5,371	6,261	6,984
構成比（%）	15 歳未満	18.9	17.0	16.4	15.5
	15 ～ 64 歳	67.0	67.5	66.8	65.5
	65 歳以上	14.0	15.5	16.8	18.7

注）総務省『国勢調査報告』各年版より。

正をきっかけに進められた、いわゆる「平成の大合併」です。これにより、一九九五年に三、二三四あった市町村が、合併特例法の経過措置が終了した二〇〇六年時点で一、八二一まで減少しました。その後もいくつかの市町村合併がおこなわれ、現在（二〇一四年現在）では全国で一、七一八の市町村が存在する状況です。

話を富士見村に戻すと、富士見村は市制・町村制で設立しましたが、「昭和の大合併」では合併せず、「平成の大合併」で合併問題が持ち上がりました。地理的には、旧前橋市に隣接しており、村の北側には赤城山を擁しています。前橋駅から旧富士見村役場までは、バスで約三〇分の距離となっています【図３・２】。そのため、前橋市のベッドタウンとして人口は増加傾向にあり、少子高齢化は免れない状況ではありましたが、一五～六四歳の生産年齢人口は約三分の二を維持しつづけていました【表３・１】。

産業別就業人口の状況をみると、二〇〇五年の国勢調査では、六〇・八％が第三次産業に従事していることがわかります。この点と、前述のベッドタウンとしての性格が相まって、常住就業者の六三・〇％が村外で就業していました。特に、旧前橋市では四三・七％が就業しており、村内での就業者（三七・〇％）よりも多くなっていました【表3・2】。こうした経緯もあって、「平成の大合併」では、前橋市への合併が議論されるようになりました。

富士見村の合併論議の展開過程

それでは、富士見村での合併論議の展開過程をみていきたいと思います。まず、関連事項をまとめた略年表が、【表3・3】になります。富士見村で最初に市町村合併問題が公になったのは、二〇〇一年八月に、富士見村や前橋市など、五つの市町村の首長が合併に向けて協議をおこなった際でした。富士見村と前橋市、さらに大胡町、宮城村、粕川村（いずれも現在は合併して新たな前橋市となっています）の五市町村では広域行政圏を形成し、消防での連携や、旧前橋市以外の四町村の住民が、旧前橋市の保育所、市立高校、市立図書館、市営斎場などを、旧前橋市民と同じ条件で利用できるようになっていました。こうした行政面でのつながりもあり、このときの協議では、これら五市町村での合併に向けた方向性が確認されました。

しかし、合併問題が明らかになると、村内では合併反対の声が上がるようになってきました。これを受け、二〇〇二年四月に発足した任意合併協議会には富士見村はオブザーバー参加となりました。さらに、同年六月には、富士見村議会が任意合併協議会への不参加を決議します。そして、同年七月には、当時の村長が「合併不参加宣言」をおこない、自立の道を歩むことが表明されました。

表 3・2　旧富士見村の通勤による流出・流入人口（2005 年）

常住就業者数		11,908	(100.0)	従業就業者数		6,337	(100.0)
富士見村での就業		4,408	(37.0)	富士見村での常住		4,408	(69.6)
他での就業		7,500	(63.0)	他での常住		1,929	(30.4)
主要な就業地	前橋市	5,202	(43.7)	主要な常住地	前橋市	1,305	(20.6)
	高崎市	500	(4.2)				
	伊勢崎市	296	(2.5)				
	渋川市	278	(2.3)				

注 1）総務省『国勢調査報告』より。
注 2）単位＝人，%。

表 3・3　旧富士見村における合併問題の展開過程（筆者作成）

前史	2001. 8	富士見村や前橋市など広域行政圏を形成していた 5 市町村の首長が合併について協議
	2002. 4	任意合併協議会の発足（富士見村はオブザーバー参加）
	2002. 7	当時の S 村長が合併不参加宣言
リコール運動期	2002. 8	富士見の将来を考える会発足
	2002. 9	富士見の将来を考える会が陳情書を提出（署名数 11,488 名）
	2002. 12	富士見の将来を考える会がリコールの本申請(有効署名 7,847 名)
	2003. 2	村長リコール投票，賛成 6,103 票 vs. 反対 5,725 票でリコール成立
	2003. 4	出直し村長選で慎重派の H 候補が当選。村議選は反対派 12 名，賛成派 8 名が当選
住民投票運動期	2003. 7	住民アンケートで 51% が合併賛成。4 市町村に合併協議申し入れ
	2003. 9	合併をのぞむ会が住民投票実施の陳情書提出（署名数約 3,900 名）
	2003. 10	村議会，住民投票条例可決
	2003. 12	合併の是非を問う住民投票実施。賛成 8,141 票 vs. 反対 4,787 票
	2004. 8	前橋市と富士見村，合併協定調印（第 5 回法定合併協議会）
	2004. 9	村議会で廃置分合議案否決
	2004. 10	村議会，再度廃置分合議案を否決
選挙運動期	2006. 10	元村職員 F 氏が合併推進を掲げ，村長選への出馬を表明
	2007. 4	村長選で合併推進派の F 候補が当選。村議選は推進派が 11 名当選（定数 18）
	2008. 8	前橋市と富士見村合併協定調印，村議会で合併関連議案可決，群馬県議会合併関連議案可決
	2009. 5	富士見村，前橋市と合併

ただし、合併推進派の新住民Aさんは、自身が富士見村に転居してきた十数年前から、「富士見村が合併するという話はあった。だから、数年間「村」で我慢すれば、前橋市になると思っていた」と語っています［＊5］。また、合併推進派の地付き層（何世代にもわたってこの地域に暮らす層）であるBさんも、「（「合併不参加宣言」）以前から合併の話はあった。それにもかかわらず、合併しないのはおかしい」と発言しています［＊6］。このように、合併の実現を期待する住民も多かったにもかかわらず、村長の一方的な「合併不参加宣言」には反発する動きも強まってきました。こうした動きが、「合併不参加宣言」の翌月（二〇〇二年八月）に、「富士見の将来を考える会」（以下「考える会」と略記）の発足につながり、「考える会」を中心とした合併推進運動が開始されました。

考える会がまず着手したのは、任意合併協議会への参加を求める署名の収集活動で、ここでは一万一四八八名分の収集に成功しました。村民全体のほぼ半数にあたる数で、有権者に限れば、過半数となっていました。また、次におこなわれたのが村長のリコール（解職請求）運動で、結局七、八四七名分の署名が集まり、リコール投票が実施されることになりました。そして、二〇〇三年二月におこなわれたリコール投票では、反対五、七二五票に対し、賛成が六、一〇三票となり、S村長は失職することになりました。

ところが、同年四月におこなわれた村長選挙では、合併推進派の候補ではなく、「慎重派」の候補が当選しました。また、同時に実施された村議会議員選挙では、合併賛成派八名に対し、合併反対派が一二名の当選となるなど、村長・村議会は、引きつづき合併反対派・慎重派が主導権を握ることとなりました。

そこで、合併推進派がとった次の手段が、住民投票によって合併の是非を直接住民に問うという方策です。一九九六年の新潟県巻町における原発建設をめぐる住民投票をはじめとして、沖縄県でのアメリカ軍基地の整理縮小をめぐる住民投票（一九九六年）、岐阜県御嵩町での産廃処分場建設をめぐる住民投票（一九九七年）、徳島市での吉野川可動堰建設をめぐる住民投票（二〇〇〇年）など、各地で住民投票による住民の直接意志を示すことで、計画の是非にＹｅｓまたはＮｏを突きつけようという動きが広まっていました。市町村合併についても、二〇〇一年の埼玉県上尾市での実施など、住民投票を用いた住民の意志表明がなされていました。

そのような流れのなか、合併反対派が多数派である村議会も、条例制定を拒むことによる批判を避けるためか、住民投票条例自体は可決・成立し、投票に移ることになりました。なお、このときの合併反対派議員の心境について、村議選で反対派が多数となったこともあり、投票を実施しても「賛成多数にならないと思っていたので、条例を制定した」［＊7］との声も聞かれました。

しかし、そうした合併反対派議員の思惑とは異なり、二〇〇三年一二月に実施された住民投票では、合併反対四、七八七票に対し、賛成は八、一四一票で、合併賛成が多数となりました。この結果を合併慎重派の村長も無視することはできず、二〇〇四年一月には富士見村と前橋市の間に法定合併協議会が設置されました。そして、同年八月には合併協定書に調印がなされました。

ところが、最後の関門であった村議会での廃置分合議案（富士見村を廃止して、新たな前橋市に加えるとするもの）の採決にあたり、合併反対派が多数を形成する村議会は二度にわたってこの議案を否決し、当初の合併特例法の期限であった二〇〇五年三月中の合併が不可能となりました。合併特例法の期限内に合併すれば、合併特例債の発行が認められるなど、合併後の自治体運営において、財政的な面で有益な措置を講ずることができました。しかし、期限内に合併することができなければ、こうした「合併のうま味」を享受することがむずかしくなります。そのため、最終的に、当時のH村長は合併を断念し、自立の道を歩むことを宣言しました。

しかし、二〇〇四年一二月に、もともと広域行政圏を形成していた五市町村のうち、富士見村を除く四市町村が合併して新たな前橋市が誕生したことで、これまで富士見村民にも認められていた前橋市民と同等の権利が認められなくなりました（市営斎場の有料化、市立図書館の利用資格停止など）。そのため、合併推進派は、二〇〇七年四月の統一地方選挙における村長選・村議選に照準を合わせ、今一度活動を再開することになります。まず、二〇〇六年一〇月に、村の元総務課長で、前橋市との合併協議の実務担当者であったF氏を村長候補者として擁立しました。また、来るべき選挙に「合併選挙」（「これは合併を問う選挙だ」）との意味づけ・位置づけをしました。合併反対派は、合併以外の争点を提起しようとしましたが、地元紙の『上毛新聞』も終始「合併選挙」と報道したため、合併推進派を利する形になりました。

結局、村長選では合併推進派のF村長が当選し、村議選でも、一八名中一一名が合併推進派と過半数を占め、合併推進派の勝利で幕を閉じることになりました。これを受けて、合併に向けた作業は着々と進み、二〇〇九年五月、富士見村は前橋市に合併し、約八年に及んだ合併紛争に終止符が打たれることになりました。

合併推進派・合併反対派の統合原理と地域住民の生活

このように合併推進派・合併反対派が激しく対立しながら展開された富士見村の合併紛争ですが、それぞれの陣営は、どういう基盤のうえにまとまっていたのでしょうか。

まず、合併推進派は、広域行政の解消による公共サービス低下を訴えました。また、合併することで発行が可能となる合併特例債を使ったインフラ整備の重要性も主張していました。これらの点は、前橋市に合併することによる「生活のアメニティ向上」、あるいは逆に合併しないことによる「生活のアメニティ低下」というメッセージを伝えたということになります。

こうしたメッセージに呼応して、合併推進派を支持した住民たちの特徴は、以下の二点に整理できます。一つは、富士見村を越えた労働・生活圏をもつということです。特に、就労に関しては、【表３・２】でも確認したように、村外で就労している住民は多く、こういった住民にとっては、前橋市と合併することが自然だと受け止められました。

また、もう一つの特徴は、新住民であるということです。【表３・４】は、二〇〇九年二～三月に、旧富士見村に居住する有権者一、〇〇六名を対象におこなった郵送調査によって得られたデータです（有効回収率二八・九％）。これをみると、新住民であるほど、あるいは居住年数が短くなるほど、合併には賛成

表 3・4　居住世代・居住年数別に見た合併の賛否（新藤（2012: 147）を一部改変）

		当初から賛成	当初反対今は賛成	当初賛成今は反対	当初から反対	どちらともいえず	その他	N
居住世代	新住民	59.8	9.1	1.5	15.2	12.1	2.3	132
	地付き住民	38.4	11.6	6.8	29.5	13.0	0.7	146
居住年数	10 年未満	71.1	5.3	2.6	10.5	10.5	-	38
	10 ～ 20 年未満	62.3	6.6	1.6	13.1	16.4	-	61
	20 ～ 30 年未満	42.1	10.5	-	26.3	13.2	7.9	38
	30 ～ 40 年未満	51.1	15.6	2.2	15.6	15.6	-	45
	40 ～ 50 年未満	40.7	14.8	3.7	33.3	7.4	-	27
	50 ～ 60 年未満	33.3	7.4	7.4	29.6	22.2	-	27
	60 ～ 70 年未満	22.7	4.5	-	63.6	9.1	-	22
	70 ～ 80 年未満	27.8	11.1	22.2	27.8	11.1	-	18
	80 年以上	25.0	12.5	12.5	37.5	12.5	-	8
合　計		47.6	10.0	4.1	23.4	13.4	1.4	290

居住世代：p<.01、居住年数：p<.001（x^2 検定）
注 1）単位＝人（N），％（N 以外）。
注 2）不明・無回答を除く。

であることがうかがえます。つまり、村外に労働・生活圏が広がっており、また、富士見村に居住して間がない人々ほど、合併推進派のメッセージを受け取りやすかったととらえられます。

一方、合併反対派には、一点目に、国策としての「平成の大合併」への反発がありました。合併する場合／自立の道を歩む場合のそれぞれのメリットやデメリットが十分に検討されないうちに、合併特例法の期限だけを目標に合併協議が進められたことに異を唱える住民も少なくありませんでした。この点では、自民党支持層の多い地付きの有力者層から、自公政権の政策に批判的である共産党支持層までの「大同団結」が実現することにもなりました。

また、二点目に、農地利用をめぐる問題がありました。前橋市に合併した場合、都市計画法の適用を受けることになり、農地が市街化調整区域に指定されることになります。そうなると、農地の転売ができなくなるため、特に農家層は合併に反対することになりました。

さらに三点目に、富士見村から事業を受注していた、という状況もありました。合併反対派には、建築関係や水道関係などの会社を経営している人々が集っていました。この人々の会社は、富士見村からの公共工事を受注することも多かったわけです。しかし、前橋市に合併すると、前橋市の会社と競合することになり、これまでどおり仕事を受注できるかどうかの不安が生じました。このことが、合併への反対を掲げさせることになりました。

このように、合併に対する態度の決定には、労働上のかかわりがみられつつも、それは人々の階級・階層構造上の位置づけに収斂されるものではありません。労働・生活圏がどのような広がりをもっているか、あるいは富士見村での労働・生活の蓄積がどの程度であるかといった文脈も含め、それぞれの人々の〈生活－文脈〉の総体が、合併の是非を判断させることにつながりました。

政治的な支持状況と合併の賛否

ただし、富士見村の合併紛争では、もう一つ大きな要素がかかわっていました。それは、「政治的な支持状況」です。一般に、政治的な支持状況といった場合、「支持政党」など、政党間の差異が問題になります。しかし、富士見村が位置する群馬県は、これまで四人の総理大臣を輩出するなど、まさに「保守王国」としての地歩を築いています。このような群馬県にある富士見村では、首相経験者の子・孫である国会議員をトップとする、自民党支持者内の、ある種の対立構造が存在しています。特に、福田赳夫・康夫と親子二代が総理大臣となった福田グループと、中曽根康弘元総理を輩出した中曽根グループ

表3・5　支持グループ別に見た合併の賛否（新藤（2012: 147）をもとに一部改変）

	当初から賛成	当初反対今は賛成	当初賛成今は反対	当初から反対	どちらともいえず	その他	N
福田グループ	45.1	11.8	7.8	29.4	3.9	2.0	51
中曽根グループ	68.2	4.5	-	18.2	4.5	4.5	22
小渕グループ	33.3	25.0	8.3	16.7	16.7	-	12
すべて不支持	48.8	10.2	3.0	24.7	12.0	1.2	166
グループを知らない	37.5	3.1	6.3	12.5	40.6	-	32
合　計	47.6	10.0	4.1	23.4	13.4	1.4	290

p<.01（x^2 検定）
注 1）単位＝人（N），%（N 以外）。
注 2）不明・無回答を除く。

が、村内の自民党支持層を二分していました。

このうち、富士見村の政治構造をリードしていたのは、福田グループのほうでした。富士見村の選挙区から唯一選出されていた県議会議員は福田グループに属しており、S村長のリコール成立後におこなわれた村長選挙で勝利したH村長も福田グループの陣営でした。つまり、福田グループは、合併反対の姿勢をとっていたことがわかります。

一方、合併推進派を構成した自民党支持層は、中曽根グループに連なる人々でした。この点を【表3・4】と同様の住民調査から探ると、【表3・5】のようになります。ここでは、小渕恵三元首相に連なる小渕グループも入れていますが、支持者の人数は、他の二グループに比べて少ないことがうかがえます。一方、支持グループ別の賛否をみると、いずれも合併賛成が多数派を形成しているとはいえ、「当初から賛成」という強い合併推進の意志は、福田グループ支持層の四五・一％に対し、中曽根グループでは六八・二％にみられることがわかります。つまり、福田グループが合併反対、中曽根グループが合併賛成という、村長選でみられた状況は、一般の住民の人々の意識とも重なって表れていることがわかります。ただし、福田グループの支持層も含め、どこを切り取っても合併賛成派が多数派である状況には抗しきれず、最終的には富士見村も合併を決めることになった様子が看取されます。

ただし、ここだけでは、それぞれの陣営が合併の賛否の態度を決めた要因が判然としません。そこで次節では、富士見村と対になる事例として、同じ群馬県で、最終的に高崎市に合併することとなった旧榛名町の合併紛争をみてみたいと思います。

5　群馬県旧榛名町における市町村合併問題

榛名町の概要

榛名町は、旧高崎市に隣接し、北側に榛名山を擁する地域です【図3･3】。高崎駅から旧榛名町役場までは、バスで約三〇分の距離です。有名な山を擁し、中核都市の中心からバスで約三〇分かかるという点では、富士見村と榛名町は、かなり共通した特徴をもっています。

また、富士見村・榛名町の合併協議にともに影響を与えていたのが、前橋市と高崎市の競合状況です。前橋市と高崎市も隣接しており、県庁が置かれた前橋市は「県都」、これに対し、新幹線が乗り入れ

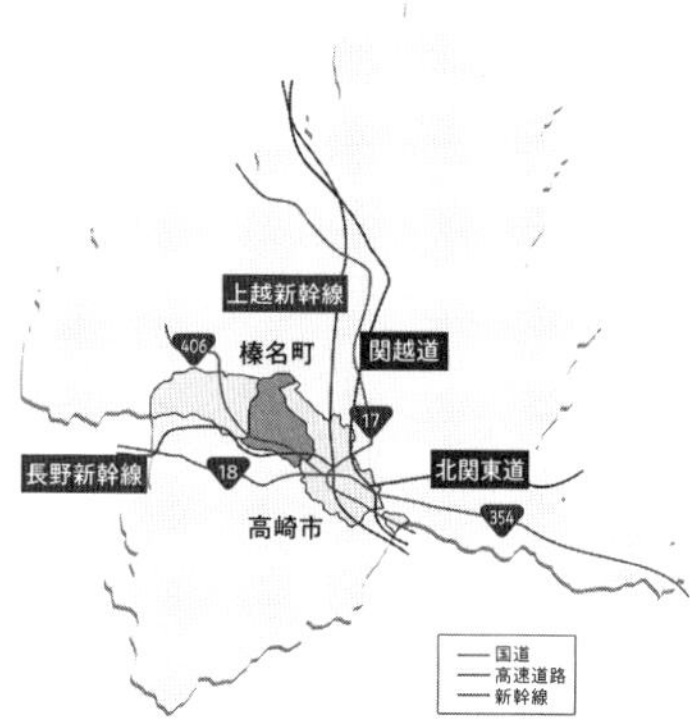

図3・3　高崎市と榛名町の位置

（高崎市・榛名町合併協議会事務局編（2006: 6）をもとに作成）

表3・6　前橋市と高崎市の人口の推移

	2000年	2005年	2010年
前橋市	284,155	318,584	340,291
高崎市	239,904	245,023	371,302

注1）2000年・2005年は国勢調査，2010年は12月末の住民基本台帳人口。
注2）単位：人。

るなど商業的な中心である高崎市は「商都」と称されるなど、群馬県内でも両地域は常にライバル的な関係にありました。【表3・6】にあるように、人口規模でいえば、県内一位、二位を争う格好になっていました。そこで、周辺の町村を合併することで、より人口を増やそうという戦略がとられた側面があります。合併以前に当時の高崎市長も、「合併が実現されれば、人口三六万人を超える県一の都市が誕生し、将来展望も一層開ける」［＊8］と述べており、合併によって群馬県で最も人口の多い都市になることを意識していたことがわかります。結果として、五

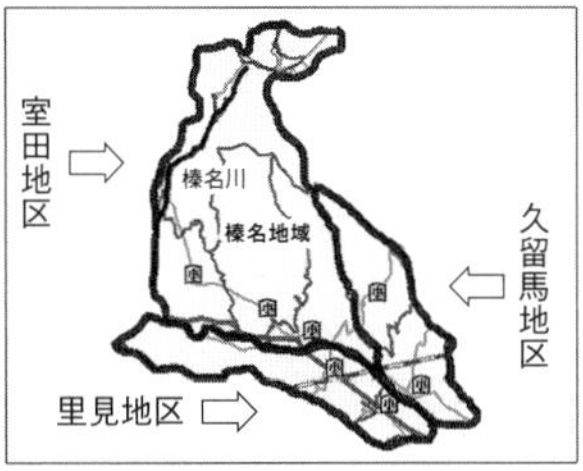

図３・４　榛名地区内の各地区の位置
（高崎市地図情報システム「まっぷ de たかさき」
〈http://www.city.takasaki.gunma.jp/soshiki/jouhou/map/map.htm〉を利用し，筆者が作成）

表３・７　榛名町の人口の推移（新藤（2012: 183）をもとに一部改変）

年　次		1950	1955	1985	1995	2005	2010
旧室田町		9,294	9,291				7,015
旧里見村		6,327	6,158				8,010
旧久留馬村		6,251	6,039				6,897
合　計		21,872	21,488	21,333	21,946	21,756	21,922
年齢別構成比（榛名全体）（%）	15 歳未満			21.4	15.8	13.6	
	15～64 歳			64.1	64.7	62.6	
	65 歳以上			14.5	19.5	23.8	

注）1950･1955 年は高崎市資料，1985･1995･2005 年は国勢調査，2010 年は 12 月末の住民基本台帳人口。

市町村の合併となった前橋市ではなく、六市町村の合併となった高崎市が、人口規模では一位となりました。そのため、富士見村・榛名町とも、それぞれの町村内の事情だけでなく、旧前橋市・旧高崎市の意向もあって、合併論議に参入することになった面も見いだされます。

さて、この榛名町ですが、富士見村と異なり、「昭和の大合併」を経て設立されました。一九五五年二月に室田町と里見村が合併して榛名町が誕生し、さらに一か月後の同年三月に、久留馬村が榛名町に合併しました。旧町村の位置関係は【図3・4】、人口は【表3・

表3・8　榛名地区（榛名町）の通勤による流出・流入人口（2005年）
（新藤 2012: 185）

常住従業者数		11,085	(100.0)	従業就業者数		9,330	(100.0)
榛名町での就業		5,843	(52.7)	榛名町での常住		5,843	(62.6)
他での就業		5,242	(47.3)	他での常住		3,487	(37.4)
主要な就業地	高崎市	2,686	(24.2)	主要な常住地	高崎市	1,290	(13.8)
	前橋市	636	(5.7)		安中市	541	(5.8)
	安中市	410	(3.7)		箕郷町	310	(3.3)
	群馬町	308	(2.8)		倉渕村	301	(3.2)

注1）市町村名は2005年10月時点のもの。
注2）総務省『国勢調査報告』より。
注3）単位＝人，%。

7】のとおりです。榛名町発足当初は、合併三町村のうち唯一の「町」であり、人口も多かった旧室田町が榛名町をリードする形になり、初代榛名町長は旧室田町長が務め、榛名町役場も旧室田町内に置かれることになりました。しかし、その後、旧室田町は人口が減少したのに対し、高崎市に近い側の旧里見村や旧久留馬村では人口が増加し、町内の状況は少し変わっておりました。特に、旧里見村や旧久留馬村での人口増加は、高崎市への通勤者によってもたらされたところがあり、高崎市で就業している人は約四分の一にのぼっていました【表3・8】。そうした状況が、高齢化率の高まりはありつつ、生産年齢人口が六割を超える状況を維持していたととらえられます【表3・7】。

産業別就業者については、二〇〇五年国勢調査によると、第三次産業が最も多いものの五三・八%にとどまっており、第二次産業が三三・五%となっているのが特徴になっています。榛名町には、コンデンサの製造などを手がける太陽誘電の榛名工場や、ベアリング製造などをおこなうNSKニードルベアリングの榛名工場など、一定の工業集積がみられることがかかわっています。そのこともあり、榛名町内で就労する人が半数を超える状況になっています【表3・8】。

榛名町における合併論議の展開過程

つづいて、榛名町の合併論議の展開過程をみていきたいと思います。議論の発端は、旧高崎市が一九九五年に打ち出した「五〇万中核都市を目指す高崎都市圏構想」です。これに基づき、二〇〇一年八月には一一市町村による合併研究会が発足し、人口五〇万人規模の合併に向けた検討が進められることになりました。ただし、このときに高崎市等広域市町村圏振興整備組合がおこなった住民アンケートでは、「合併する必要がある」が一五〜二九％、「議論・検討を重ね判断する」が三二〜四〇％、「合併する必要はない」が一八〜三〇％、「どちらともいえない」が一四〜二三％と、合併の賛否を明確にしている住民自体があまり多くありませんでした［＊9］。榛名町民に関しては、「合併する必要がある」が一九％、「議論・検討を重ね判断する」が三九％、「合併する必要はない」が二八％、「どちらともいえない」が一四％と、やはりどちらかというとやや消極的な姿勢がみられました。

しかし、当時の高崎市長の「まずは中核市を目指し、その上で前橋市との合併を視野に政令指定都市を目指す」［＊10］という構想もあり、合併に向けた検討が重ねられていました。そのようななか、二〇〇三年三月に、榛名町による世帯主対象のアンケート調査がおこなわれました。ここでは、合併を「推進する」、「どちらかといえば推進する」が四二・五％、合併に「反対である」、「どちらかといえば反対であるる」が二二・四％、「どちらともいえない」、「わからない」、「不明」が三五・一％と、三分の一以上が態度を保留していましたが、合併の賛否を示したものに限っては二：一で合併賛成が優勢となりました。また、富士見村と異なるのは、富士見村では前橋市を中核とした合併しか選択肢がなかったのに対し、榛名町では、合併を選択する場合も、高崎市を含むか含まないかというオプションがあったことです。この点でいえば、高崎市を含むものが八五・三％、高崎市を含まないものが一一・七％、その他・不明が三・〇％であり［＊11］、可能性としては「高崎市を含まない」という形はありえましたが、「合併するなら高崎市を含んだ形で」というのが、合併賛成派の当初からの意向だったととらえられます。ただし、町の幹部たちの間では、「旧群馬郡四町でまとまる方が、高崎との合併で有利になるのではないか」［＊12］との認識があり、旧榛名町と、倉渕村、箕郷町、群馬町の四町村による合併協議会が、二〇〇三年一〇月に発足しました。以降の榛名町の合併論議における主要事項をまとめた略年表が、【表3・9】になります。

このような経緯から、同年一一月に、旧高崎市を中心とする任意合併協議会が発足した際、当時のI町長は「郡内の合併研究会の協議を優先したい」［＊13］とのことで、旧高崎市を中心とする任意協議会には不参加を表明しました。また、二〇〇四年一月、旧榛名町議会全員協議会が開かれ、六対一〇（うち保留一）の反対多数で、高崎地域任意合併協議会への不参加が決定されました。

これに対し、旧高崎市との合併推進をめざした住民たちが集まり、二〇〇四年二月に「高崎市との合併を考える会」を結成し、高崎市との法定合併協議会の設置を求めて活動を開始することになりました。

表3・9　榛名町における合併問題の展開過程（筆者作成）

合併の枠組みをめぐる対立	2003. 10	群馬郡4町村（榛名, 倉渕, 箕郷, 群馬）の合併協議会発足。
	2003. 11	榛名町，高崎市中心の任意協への不参加を表明。
	2003. 12	群馬郡4町村の任意協発足。
	2004. 2	推進派団体「高崎市との合併を考える会」が住民発議による法定協設置を求める請求書を提出。
	2004. 3	群馬郡4町村の任意協が解散。新市庁舎の位置をめぐる物別れ。
町長 vs. 町議会	2004. 4	榛名町，箕郷町，高崎市中心の任意協に参加。
	2004. 5	榛名町議会，合併を問う住民投票実施を決定。榛名町による住民説明会実施。
	2004. 6	榛名町議会, 高崎地域との合併を決議（賛成10 vs. 反対7）。
	2004. 7	住民投票実施。合併賛成6,330票 vs. 反対6,415票で，85票差で反対多数。I町長は，自立に向けた姿勢を示す。
	2004. 8	榛名町議会, 高崎市との法定協設置を可決（賛成10 vs. 反対7）。
	2004. 9	榛名町議会，町教育長の再任案を否決。
	2004. 11	榛名町議会，「自立派」議長の不信任決議を可決。
住民団体を巻き込んだ対立	2005. 3	高崎市など5市町村が合併申請。倉渕村は飛び地合併に。
	2005. 5	推進派団体「榛名の将来を考える会」が合併を問う住民投票条例制定を請求（有効署名9,402筆）。
	2005. 6	榛名町議会, 住民投票条例を可決（賛成9 vs. 反対7）するも, I町長は再議書を提出。3分の2の賛成が得られず廃案に。
	2005. 7	榛名町議会，再び住民投票条例を可決（賛成9 vs. 反対7）するも，I町長は再び再議書を提出し，廃案。
	2005. 9	推進派団体「榛名の将来を考える会」がI町長のリコール請求（有効署名7,907筆，本請求は同年11月）。
	2005. 10	反対派団体「榛名を拓く会」が町議会の解散請求（有効署名7,484筆，本請求は同年11月）。
	2005. 11	I町長，リコールを避け辞職。出直し町長選に。推進派団体「榛名の将来を考える会」からは会長のT氏が立候補。I町長との一騎打ちに。
合併推進派主導の町政	2005. 12	出直し町長選。合併推進派のT氏が，現職のI町長を破って当選（7,956票 vs.5,665票）。
	2006. 1	町議会の解散を問う投票。反対多数で不成立（賛成4,978票 vs. 反対6,309票）。町長と議会がともに推進派（推進多数）に。
	2006. 2	榛名町，高崎市と法定協を設置。
	2006. 5	榛名町, 高崎市との合併に調印。議会は合併関連法案を可決。
	2006. 6	群馬県議会，合併関連法案を可決。
	2006. 10	榛名町，高崎市に合併。

特に、「昭和の大合併」で榛名町が誕生する際、「豊岡村、八幡村が高崎と合併することが確実だったことから、隣接する里見村では高崎合併を望む声が大きかったはずです。しかし当時は民衆の運動にはならず、議会の議決に基づいて榛名町ができました。その結果を非常に残念がる人が怒っていたのを思い出します」（榛名21世紀の会 2009: 9）との回想もあり、特に旧里見村では、すでに「昭和の大合併」のころから旧高崎市への合併が強く希望されていたことがうかがえます。こうした高崎市との合併を希望する声に押され、「高崎市との合併を考える会」は署名収集をおこない、一、一二五名の署名とともに法定協設置を求める要望書を提出しました。

一方、高崎市を含まない群馬郡四町村での任意合併協議会は、新市の名称と庁舎の場所をめぐって意見がまとまらず、結局、二〇〇四年三月に解散することになりました。この群馬郡四町村の合併協議の「破談」と、「考える会」による法定協設置の要望を受け、旧榛名町は、二〇〇四年四月、高崎地域任意合併協議会に参加することになりました。ただし、当時のI町長は、「議論を尽くし法定協に進みたい。ただ一部に反対意見もあるので、住民に選択してもらうことがあるかもしれない」と述べ、住民投票をおこなう可能性を示唆しました（榛名21世紀の会 2009: 18）。これを受け、同年五月、旧榛名町議会臨時会で、「高崎地域での合併を問う住民投票条例」が制定され、住民投票が実施されることになりました。

ところが、住民投票に先立つ二〇〇四年六月、旧榛名町議会で議員から「高崎地域との合併」に関する緊急動議が出されました。その結果、賛成一〇、反対七の賛成多数で、この動議は可決されました。この動議を提出した議員は、「（住民）投票前だが、議会が意志を明確に表示しないと町が混乱する」と語っています。また、この状況を報道する新聞記事は、「賛成した議員の中には、町側の住民説明会に対する不満もあるとみられる」と指摘しました［＊14］。

このような状況で同年七月一一日に実施された住民投票では、賛成六、三三〇票に対し、反対六、四一五票というわずか八五票差で反対が賛成を上回る結果となりました。ところが、旧高崎市議会は、任意協に参加していた七市町村での合併枠組みを支持し、同年七月二三日、旧榛名町との法定協設置案を可決しました。これを受け、旧榛名町議会は同年八月一一日に臨時会を開き、旧高崎市との法定協議会設置を審議し、賛成一〇、反対七の賛成多数で可決しました。しかし、I町長は、「設置を拒否する姿勢で高崎市に明確な回答をせず、具体的な動きは示さなかった」（榛名21世紀の会 2009: 45）といわれています。町長と町議会が、合併をめぐって真っ向から対立する状況となりました。

ところが、けっして順調とはいえないまでも、周辺町村での合併協議は着実に進み、高崎市・倉渕村・群馬町・新町・箕郷町は二〇〇六年一月に合併し、新たな高崎市が誕生することになりました。特に、倉渕村は、榛名町が合併を決めなかったため、本章冒頭で触れたように飛び地合併となりました（新町も飛び地合併）。

このような状況を受け、合併推進を望む住民たちは二〇〇五年三月、「榛名の将来を考える会」を結成しました。この「榛名の将来を考える会」により、合併を問う住民投票条例制定を求める署名運動がおこなわれ、最終的に九、四〇二筆の署名を添えて、条例制定の本請求がおこなわれました。しかし、I

町長は「同じ趣旨の住民投票を再び行う考えはない」［＊15］と話し、条例案の審議では反対の意見書を提出しました。結局、二〇〇五年六月の町議会本会議では、賛成九、反対七の賛成多数で条例案は可決されたものの、I町長が再議に付し、再議の場合は出席議員の三分の二以上の賛成が必要となるということで、再議で条例案が否決され、廃案となりました。七月にも、議員発議で住民投票条例の制定請求がありましたが、同じプロセスがくり返され、廃案となりました。そこで、「榛名の将来を考える会」は、I町長のリコール運動を実施することとし、最終的に七、九〇七名分の署名を添えて、二〇〇五年一一月に町長リコールの本申請がおこなわれました。

これに対し、合併反対派住民は「榛名を拓く会」を結成し、二〇〇四年七月の住民投票で示された「合併反対」の住民意志に従わない町議会を対象に、解職請求をおこなうことになりました。結局、町長リコールと同じく二〇〇五年一一月に、七、一九四名分の署名とともに、議会解散請求書が提出されました。

このようなリコール合戦の状況のなか、榛名町選挙管理委員会は、まず、I町長のリコール投票を二〇〇五年一二月におこなうことを決めました。これを受けて、I町長はリコール投票前に辞職し、出直し町長選に出馬することを表明しました。そこで、合併推進派は「榛名の将来を考える会」会長を務めていたT氏を町長選の候補者として立てることを決め、I町長とT氏の一騎打ちがくり広げられることになりました。一二月に実施された選挙の結果は、T氏が七、九五六票、I町長が五、六六五票と、二、〇〇〇票以上の差をもってT氏が当選することとなりました。一方、二〇〇六年一月に実施された町議会のリコール投票は、賛成四、九七八票対反対六、三〇九票で、議会の解散は不成立となりました。この結果、町長、町議会の多数派とも合併推進派が握ることになり、五回の法定協議会を経て、二〇〇六年五月に合併協定への調印、廃置分合議案の可決、県知事への合併申請を経て、一〇月に榛名町は高崎市に合併し、新たな高崎市が誕生することとなりました。

政治的な支持状況と合併の賛否

さて、このような榛名町の合併論議のなかで、大きな影響をもたらしたのは、やはり政治的な支持状況です。二〇〇九年三～四月に、旧榛名町に居住する二〇歳以上の有権者一、〇〇七名を対象におこなった調査（有効回収率二九・一％）から、二〇〇四年七月におこなわれた八五票差で合併反対が上回った住民投票での投票行動を支持状況別にまとめたものを【表3・10】に掲げました。これをみると、福田グループの支持層では「投票に行き、合併賛成票を投じた」が最も多く五五・七％となっています。一方、中曽根グループの支持層では「投票に行き、合併反対票を投じた」が最も多く四五・二％となっています。つまり、榛名町では、福田グループが合併推進、中曽根グループが合併反対という状況になっているのです。

このことは、富士見村とは逆になっていることがわかると思います。つまり、いずれかのグループが常に合併推進、あるいは合併反対を掲げるわけではなく、地域によって合併の賛否は異なりうるということです。その点では、それぞれの政治的なグループに一貫した合併に対する信念や主張があるわけで

表3・10　支持グループ別に見た合併を問う住民投票への関わり（2004年7月）

（新藤（2012: 208–209）を一部改変）

	投票に行き、合併賛成票を投じた	投票に行き、合併反対票を投じた	投票しなかった	当時は榛名町民ではなかった	当時は投票できる年齢ではなかった	このような住民投票は知らなかった	その他	N
福田グループ	55.7	28.6	10.0	1.4	-	4.3	-	70
中曽根グループ	40.5	45.2	14.3	-	-	-	-	42
小渕グループ	38.2	32.4	11.8	8.8	2.9	5.9	-	34
いずれも不支持	43.9	34.1	10.6	5.7	-	4.1	1.6	123
グループを知らない	28.6	14.3	14.3	14.3	7.1	7.1	14.3	14
合計	44.8	33.7	11.1	4.5	0.7	3.8	1.4	288

p<.01（x^2 検定）
注1）単位＝人（N），%（N 以外）。
注2）不明・無回答を除く。

はありません。

また、興味深いことに、榛名町の住民調査のデータを使って政治的な支持グループと合併の賛否とのクロス集計もおこなったところ、ここでは有意差が確認できませんでした。この点をまとめた【表3・11】は、政治的な支持グループと合併問題当初の合併の賛否の関連をみたものですが、福田グループの支持層は「高崎市を含んだ枠組みでの合併に賛成」を選んだ人が四五・一%と最も多くなっていることがわかるとともに、合併反対を掲げたはずの中曽根グループの支持層も、やはり「高崎市を含んだ枠組みでの合併に賛成」が三八・一%と最も多く、「合併には反対」を選んだ三一・〇%より多くなっています。このように、政治的な支持グループの如何を問わず、高崎市を含んだ枠組みでの合併に賛成する住民が多かったからこそ、最終的に榛名町は高崎市への合併を実現したととらえられます。

にもかかわらず、二〇〇四年七月の住民投票では合併反対が多数となったのは、自身が支持する中曽根グループでは

表3・11　榛名町における政治的な支持グループと合併問題当初の合併の賛否

	高崎市を含んだ枠組みでの合併に賛成	高崎市を含まない枠組みでの合併に賛成	合併には反対	どちらともいえない	その他	*N*
福田グループ	45.1	8.5	21.1	23.9	1.4	71
中曽根グループ	38.1	14.3	31.0	16.7	-	42
小渕グループ	34.3	5.7	40.0	20.0	-	35
いずれも不支持	41.1	8.9	31.5	16.9	1.6	124
グループを知らない	57.1	7.1	14.3	14.3	7.1	14
合計	41.6	9.1	29.0	18.9	1.4	286

p=.626（x^2 検定）
注1）単位＝人（*N*），％（*N* 以外）。
注2）不明・無回答を除く。

「合併反対」を掲げていたため、自分自身では合併に賛成であっても、住民投票では「合併反対」の意志を示した人々が少なくなかったのだと考えられます。このように、市町村合併という争点そのものではなく、自身が支持する、あるいはそこに参画している政治的なグループが掲げた「合併への賛否」に従って、「意志」の表出をおこなった人々が少なくなかったことがわかります。

そして、各政治グループの対立は、地域権力構造内の主導権争いとみることができます。つまり、このときにわき上がった市町村合併という争点をきっかけに、福田グループ、中曽根グループの主導権争いが地域社会内で顕在化していたということです。この政治グループの支持層は、階層や年齢層で明確な特徴をつかむことがむずかしく、「政治グループ」という説明変数が必要となっています。またこの政治グループの行動が、「あちらが合併推進なら、こちらは合併反対」といった形で、合併そのものの是非を考究した結果ではなく、相手グループの「アンチ」の立ち位置をとるという選択がなされていたことが、富士見村と榛名町で、各政治グループの合併への賛否が一貫しないことに表れているととらえることができるでしょう。

6　政治グループにみる地域社会における政治行動と〈生活－文脈〉理解

以上、富士見村と榛名町の合併論議を確認しました。それぞれの事例では、首長選挙、議会議員選挙などの選挙のほか、住民投票、リコール投票など、さまざまな政治的な意志決定の場面がみられました。しかし、それらの結果に表れる合併賛否の状況は二転三転し、合併論議は混迷を深め、いずれの地域も、合併特例法が当初想定していた二〇〇五年三月の合併期限までに間に合わず、このタイムリミットを過ぎてからの合併となりました。

こうした合併論議をもたらした地域住民の〈生活－文脈〉を探ると、そこには「保守王国」群馬ならではの、自民党内の支持グループ間の対立が、合併論議に大きくかかわっていることがわかりました。この対立は、地域権力構造内の主導権争いの側面をもっており、とりわけ同じ自民党支持層のなかでの福田グループと中曽根グループの主導権争いがくり広げられておりました。そのため、市町村合併という争点がかかわっていましたが、合併そのものの是非で立場が決まるのではなく、「あちらが合併推進なら、こちらは合併反対」といった相手グループの「アンチ」の立ち位置をとるという選択がなされていました。これは、富士見村、榛名町で、福田グループ、中曽根グループの合併の賛否が一貫していなかったことに見いだすことができます。

そして、こうした形で定められた各グループの「合併への賛否」は、支持層にまで浸透していることもわかりました。それは、とりわけ榛名町で顕著でしたが、自身は合併に賛成であっても、自分が支持ないし所属するグループが合併反対を掲げていれば、合併反対につながる投票行動をとっていた人々が少なくなかったことも確認されました。このことは、政治グループが人々の意志を決定するという側面が表出されたものと受け止められます。

しかし、これをたんなる「権力争い」と片づけることもできません。それぞれのグループの支持層には、それぞれのグループを支持するだけの理由が、個人の〈生活−文脈〉のなかに見いだせるところもあります。それぞれのグループに参加する政治家たちに要望を伝え、それを実現させることで自分たちの生活を安定させてきたという文脈を考えれば、こうした政治グループも有賀のいう「生活組織」と位置づけることが可能だと考えられます。政治グループが、そこに集う人々の共同性を維持し、生活の安定を実現するとともに、本来の合併についての意志表明を抑圧するという両面を持ち合わせていたことからも、「生活組織」としての色彩が色濃いものととらえられます。こうした政治グループが、人々の〈生活−文脈〉に大きな影響をもたらし、地域社会の意志決定を左右したととらえられるでしょう。

富士見村、榛名町の合併論議からは、地域社会の意志表明が二転三転しており、いったい住民はどう考えているのかをつかみにくいところもあったかもしれません。しかも、階級・階層間の対立構造や、新・旧住民間の対立構造など、マクロレベルの構造の進展だけでは、合併の賛否やこの間の投票行動を説明することが困難な事例でした。しかし、これらの地域住民の〈生活－文脈〉の理解に努め、政治グループの対立とそこへの人々のかかわりという視点を手に入れることで、迷走しているかのような地域社会での意志決定に、ある種の一貫した論理を見いだすことができたのではないでしょうか。

＊1　長岡市「平成の合併による飛び地の実例（全国12市町）」〈https://www.city.nagaoka.niigata.jp/shisei/cate99/ngkwkyougikai/file/kenkyu_2.pdf〉（二〇二三年八月二一日閲覧）。

＊2　鈴木の説明では、第二社会地区について、大字のほかに「部落」もあげられています。「部落」というと、今日では「被差別部落」のことが念頭に置かれることがあるかと思われますが、ここで鈴木は、たんに大字と同等の規模の地域共同体をさす意味合いで「部落」という言葉を用いており、これは地域社会学や村落社会論などの領域では一般的な用語法です。ただし、ここでは誤解を避けるため、本文では「大字」のみを記載しました。

＊3　以降の記述については、新藤（2012）をもとに作成しています。

＊4　総務省「地方自治制度の歴史」〈https://www.soumu.go.jp/main_sosiki/jichi_gyousei/bunken/history.html〉（二〇二三年四月二四日閲覧）。

＊5　二〇〇七年一〇月におこなった聞き取り調査より。

＊6　二〇〇六年三月におこなった聞き取り調査より。
＊7　二〇〇五年一二月におこなった合併反対派村議X氏からの聞き取りより。
＊8　「『36万都市』を展望　高崎地域任意協」『上毛新聞』二〇〇四年三月二六日。
＊9　『広報はるな』二〇〇二年七月五日号、三頁。
＊10　「高崎市　合併への取り組み」『上毛新聞』二〇〇三年一月五日。
＊11　『広報はるな号外』二〇〇三年四月五日号、六頁。
＊12　二〇〇八年三月二四日におこなった元・榛名町（現・高崎市）職員C氏への聞き取りによる。
＊13　「5町村が参加表明　高崎市中心の任意合併協」『上毛新聞』二〇〇三年一一月二九日。
＊14　「榛名町議会　住民投票前に可決」『上毛新聞』二〇〇四年六月二二日。
＊15　「住民投票条例求め署名提出　高崎との合併で1万人分　榛名町住民」『上毛新聞』二〇〇五年四月二三日。

第4章

老年期の孤独・孤立をとおして考える〈生活－文脈〉理解

高齢者の「文脈」なき「生活」理解を超えて

松宮 朝

老年期をめぐる課題として，近年最も注目されているのが，高齢者の「孤独」・「孤立」という問題です。「孤独」・「孤立」の極限的な問題として「孤独死」があり，その対策は高齢者福祉政策においても中心的に取り組まれてきました。孤独死防止を目的として，高齢者が孤立しないように，地域コミュニティにおけるつながりづくりが推進されてきました。孤立した高齢者に対して，付き合いを新たにつくり出す取り組み，強い地域コミュニティづくりが進められているのです。もっとも，こうした取り組みがはたして望ましいものなのか，無理なつながりづくりに陥っていないかという視点も必要です。本章では，愛知県での孤独死対策にかかわった筆者の取り組みの問題を，「文脈」なき「生活」という視点から，反省的に振り返ります。この分析をもとに，〈生活－文脈〉理解に基づいた取り組みの可能性について検討します。老年期における生活課題を明確に理解することとともに，いかにその対策が可能となるかという課題に対しても，〈生活－文脈〉理解が重要となることを明らかにしていきます。ここからは，福祉領域における〈生活－文脈〉理解の実践的な意義がみえてくるはずです。

1　はじめに：鎌をめぐる出来事から

高齢化率が五〇％を超えた、ある「限界集落」調査でのエピソードです。わたしは当時通っていた過疎地域で、住民の減少と高齢化にともない、田植え、稲刈りなどの共同作業が困難となるなかで、集落でどのような取り組みを進めているのかについて調査をしていました。地域で高齢者の生活をどのように支えることができるか、その方法について明らかにすることを目的にしていたのです。

わたしは、基本的にできる限り農作業や行事の手伝いに参加させてもらいながら調査をすることにしています（松宮 2010）。ちょうど調査をおこなったのが九月ということもあり、集落単位で共同する稲刈りに参加させていただきました。農作業の素人であるわたしでもかろうじてできる、鎌で稲を刈り取る手作業を割り当てられました。機械で刈り取ることができない水田の四隅にある稲を鎌で刈り取る作業です。稲を刈り、次の角に走ってはまた稲を刈るというハードな作業でした。調査前日の顔合わせで、「おまえは動けるのか」と、代表の方から疑問の声を投げかけられていたこともあって、ひどく力を入れてがんばっていたことを覚えています。その気持ちが強いあまり、自分の力を見せようとして機械で刈り取るべき箇所まで刈ってしまい、ひどく怒られてしまいました。第2章補論の事例で語られているフィールドでの失敗そのものですが、休憩の時間までなんとか作業についていきました。

ようやく午前中の作業が終わり、危なくないように鎌をあぜにさし、道に腰かけて汗をぬぐって満足感に浸っていました。短く感じられる休憩が終わり、作業に戻るために鎌を持とうと動きだしたところ、突然後方から背中を突かれ、大声で怒鳴りつけられたのです。振り向くと怒りに肩を震わせた高齢の男性が鎌を振り上げるようにして立っています。最初は、午前中の作業のことを怒られたのかと思っていたのですが、その激高ぶりはまったく異なるものでした。どうやらその方の鎌を、誤って手に取ってしまったようです。わたしは驚きとともに、謝りながら、そっとあとずさりしました。男性は興奮がおさまらないまま、大声を上げていました。

わたしは、作業に参加していたメンバーが、その男性の振る舞いに対して、なんらかのリアクションを起こすと思っていました。しかし、まったくそのような動きはなく、逆に、わたしに対して非難のまなざしが向けられたのです。そのことに少なからずショックを受けて呆然としていると、「お父さん、弱ってきたね」と声が聞こえました。その男性の息子さんに、作業を取り仕切っていた集落のリーダーが話しかけていたのです。会話から推測すると、激高した男性は認知症の症状が進んでいるらしく、農作業はできなくなっていたようです。それでも、稲刈りの場には参加してもらう。たとえ農作業ができなくなっても、集落の共同作業として、そこにいること自体に意味がある。この集落ではそのような関係を取り結んでいること、そして、なんとか高齢男性が参加できるよう、共同作業のメンバーで工夫していることを知ることになったのです。

このような地域での生活の文脈がわかってくるにしたがい、鎌をめぐる出来事に動揺していた自分も、少し落ち着きを取り戻しました。そして、共同の稲刈りという農作業の意味について考えていました。「まえがき」で語られている、ひとつの「安定」した状態に移行したのかもしれません。といっても、完全に冷静になったわけではなく、男性への怒りと、それを許す周囲への怒りがくすぶりつづけていたのは事実です。と同時に、少し冷静になってみると、この出来事は、自分の調査テーマである、高齢者の集落参加を徹底的に実現しようという実践ではないかと思えてきたのです。認知症が進んでも、なんとか地域の活動に参加できるように環境を整えていく。あとで述べるように、まさに「社会モデル」、「生活モデル」の実践ではないか。それによって問題が生じても、周囲の人間がカバーする。もちろん、なんらかのリスクは承知のうえで。逆に、その仕事を奪うようなわたしの行動は強く非難されるものになると。

稲刈りの共同作業の生産性からすると、このようなトラブルはないほうがいいと考えていましたが、それはわたしの見方が農作業の生産性の面ばかりにとらわれていたからでしょう。稲刈りが効率的にできるように高齢者も参加すると想定していたわたしの思い込みが覆されたわけです。少し硬い言葉で表現すると、集落の共同作業、農作業の生産性にばかり目を向ける機能主義的な理解ではとらえることができない、集落の高齢者生活支援のあり方の一端がみえてきたのです。

振り返って考えてみると、この出来事は、ある人の行動、そして、それを支える周囲の行動を理解するうえで、〈生活－文脈〉をふまえることが不可欠であることを示唆する場面ではないかと思われるのです。人の行動の意味を知るためには、その行動が生じる個人の側の心理的要因を探る必要がある。しかし、その行動の意味についての理解は、個人を取り巻く関係、そして地域という生活の場の文脈次第で大きく変わるのではないか。その場の文脈を脇に置いて、個人一人だけを取り出して完結する理解はありえないのではないか。さらにいえば、こうした理解を進めるうえでは、自分自身のものの見方の限界を認識しておく必要がある。このようなプロセスを経ることで、〈生活－文脈〉理解の重要性を肝に銘じる体験となったのです。これは、「まえがき」で書かれた「蜜柑」をめぐるエピソードにも通じるものといえるでしょう。

個人の行動の意味は、その個人に目を向けるだけではなく、周囲の反応、その環境のなかで、個人がどのように位置づけられているのかを把握しないとみえてこないのではないかということです。そして、その次の段階です。目前で起きていることの意味をどのように解釈するのか。わたしが経験したエピソードについては、集落の生活文化の創造性として語ることもできるし、ある種の問題行動を引き起こすリスクという点からみることもできるかもしれません。しかし、その意味を簡単に導き出してしまう前に、まず、みずからの視点が自身の限られた経験に制約を受けてしまっていることを意識し、〈生活－文脈〉を丁寧に見据える必要があるということです。「超高齢社会」に突入した日本の社会において、高齢者の生きがいや生活保障についてさまざまな議論が飛び交っていますが、もう一度、このような〈生活－文脈〉から考えてみる必要があるのではないか。こうした〈生活－文脈〉理解のもつ意味を、高齢者に対する福祉的実践をとおして考えてみたいと思います。

2 高齢者の「孤独」・「孤立」をめぐって

先のエピソードは、高齢者の「問題」として語られることが多くなった認知症をめぐる、当事者と地域社会の関係にかかわる生活場面の一端を示したものです。日本の六五歳以上人口が約三割を占めるようになり（二九・一％、二〇二三年九月）、その生活をどのように構築していくかが重要な社会的課題［＊1］となっています。ここ数年では、新型コロナウイルス感染症感染拡大による高齢者の生活をめぐる課題が注目を集めています。日本だけでなく、世界的なレベルで、パンデミックによる高齢者の生活満足度の低下、抑うつ症状の上昇、心理的幸福感への悪影響が指摘され、感染のリスクが高いということを理由としたエイジズム（高齢者に対する年齢による差別・偏見）の増大が明らかにされているのです（原田 2022）。特に、高齢者の認知症症状に関する広島大学の調査では、約四割の入所系医療・介護施設の介護支援専門員が、介護サービスの制限などで「認知症者に影響が生じた」ととらえており、在宅者では半数以上が「認知機能の低下、身体活動量の低下等の影響がみられた」としています。この最大の原因は、「人と会えなくなり会話が減少」したことで、コロナ禍で高齢者の孤立が強いられたことの深刻な影響をみることができます［＊2］。

ここで認知症になった高齢者の生活に目を向けてみましょう。加齢により、思ったように身体を動かせなくなったり、さまざまな身体の不調を引き起こしたりします。高齢者自身が戸惑い、それまでできたことができなくなり、家族や近隣との関係が大きく変わり、その調整を日々おこなうことになるのです。ここからは、いくつか「老い」をめぐる生活の課題がみえてきます。天田城介は、〈老い衰えゆくこと〉が、障がいや慢性疾患などによって完全な回復が困難であるがゆえに、個人の身体の「ままならなさ」として現れることを指摘します。そして、老いる者にとって、それまで維持されてきた日常生活スタイル再編など生活上の調整が必要となり、これまでの関係や、これから形成していこうとする他者との「関係性の綻びと再構成」が重要な課題となると述べています。このように、認知症は高齢者個人の身体の変容とともに、高齢者を取り巻く関係性を変容させるものなのです（天田 2010: 3-4）。冒頭のエピソードで紹介した場面は、ある高齢者の身体の「ままならなさ」と、それを取り巻く地域社会の関係が変容していく過程とみることができるでしょう。

こうした高齢者の「関係性の綻びと再構成」として、近年最も注目されているのが、「孤独」・「孤立」をめぐる課題です。「孤立」とは、家族やコミュニティとほとんど接触がないという客観的な状況を示すものであり、「孤独」はつながりの欠如や喪失によって生じる好ましくない感情という主観的な概念です。コロナ禍で対面での接触、外出が制限されたことは、さまざまな年齢層のなかでも特に高齢者に深刻な影響を与えたわけですが、高齢者の家族（血縁）、地域（地縁）、職場（社縁）などあらゆる関係が失われた「無縁社会」という言葉に象徴される孤独・孤立が、高齢者にとって解消すべき「問題」とみなされるようになってきたのです。

こうした高齢者の「孤独」・「孤立」対策に目を向けてみましょう。政府の高齢化に対する基本的な方針を示す『高齢社会白書』では、二〇一〇年から「孤立」がトピックとなり（斉藤 2018）、社会的関心が高まりました。『令和3年版高齢社会白書』では、六〇歳以上の人で、家族以外の人で相談し合ったり、世話をし合ったりする親しい友人が「いずれもいない」と回答した割合は、日本が最も多く三一・三％となっています（内閣府編 2021）。斉藤雅茂は、各種調査の詳細な検討から、家族やコミュニティとほとんど接触がない深刻な孤立は、高齢者の二～一〇％程度、孤立しがちな状況を含めると一〇～三〇％であることを明らかにしています（斉藤 2018）。こうしたなかで、日本では二〇一八年のイギリスに次いで、二〇二一年二月に孤独・孤立対策担当大臣を新設し、「孤立・孤独対策担当室」を設置、二〇二三年五月には「孤独・孤立対策推進法」が制定されました。こうした動きの背景には、「孤立社会」、「無縁社会」などさまざまな言葉で語られる高齢者の社会関係の縮小傾向が課題とされてきたことがあげられるでしょう。

高齢者の孤独・孤立をめぐる「問題」の象徴として焦点を当てられているのが、「孤独死」です。自宅で一人誰にも看取られないまま亡くなり、誰にも気づかれずに数日が過ぎたあとに発見される。通常イメージされる孤独死はこのようなものですが、実際には明確な定義が存在していません。本章では、①誰にも看取られず死亡し、②生前の孤立状況が推測される死について、「孤独死」としておきます。孤独死に対しては統一的な基準のもとでの統計データは存在していませんが、さまざまな統計データの分析からも孤独死の増加が確認されているように、趨勢としては増加傾向とみて間違いないでしょう（石田

2018）。孤独死は必ずしも高齢者に限定されるものではありませんが、二〇〇〇年代半ば以降、高齢者を対象とした孤独死対策が進められています。高齢者の「関係性の綻びと再構成」として、孤独死防止という形で、コミュニティの「回復」によって解決することがめざされているのです（呉 2021）。

孤独死の増加に対して、二〇〇七年からは厚生労働省が孤立死防止推進事業を、全国七八か所のモデル自治体でスタートさせました。その内容は、実態把握、普及啓発、安否確認システム、緊急情報システム、サロンなど集いの場づくり、ネットワーク構築、相談事業などであり、つながりや、地域コミュニティの強化にウェイトが置かれた施策が中心となっています。筆者は二〇〇七年から、モデル自治体の一つとなった愛知県愛西市の孤独死対策の取り組みにかかわることになりました。愛西市は名古屋市東部にベッドタウンと農村地域が混在した、相対的に高齢化率が高い地域です。孤独死の多発地域として注目されてきたニュータウンや郊外の大規模団地とは状況が異なりますが、高度経済成長期につくられた住宅団地を中心に、その発生が目立つようになっていたのです（松宮 2022）。第３章でも検討されていますが、あとでみるように、こうした地域社会の〈生活－文脈〉は重要な要素でした。

さて、この事業でわたしに求められたのは、調査による実態把握と、その対策の取り組みを検討することでした。検討を進める最初の委員会で、「孤独死」を「問題」として広く普及させることとなった、二〇〇五年九月二四日に放映されたドキュメンタリー・NHKスペシャル『ひとり　団地の一室で』を委員全員で視聴し検討しました。このドキュメンタリーで取り上げられ、厚生労働省のモデルとなった千葉県常盤平団地の壮絶な孤独死の問題状況を共有しつつ、地域の自治会役員、民生委員を中心とした強い地域コミュニティによる解決のモデルとして考えるためです。孤独・孤立が進むのだから、地域コミュニティでつながりをつければいいのだと。基本的には厚生労働省の示した枠組みで対策を進めていくことを考えたわけです。

このように当初めざした方向性は、自治会など既存の地域のつながりをより強化し、孤立している高齢者の参加を促すというものでした。しかし、結論を先取りして述べると、わたしが進めようとした「強いコミュニティ」づくりの方向性は完全に失敗でした。孤独死対策の取り組みとして、サロンなど地域住民が集う場をつくろうという説明を、ある公民館でさせていただいたのですが、参加していた高齢女性から強い口調で非難されたことを覚えています。「そんな計画は絵空事だ。お互いいやだから近所付き合いを断っているのに、なんで今さら付き合おうなんて考えるのか」と指摘されたのです。常盤平団地のモデルのような強い地域コミュニティをつくり出すという「成功事例」モデルを適用することは、実現可能性という点で困難であることを突きつけられました。実は、モデルとされた千葉県松戸市の常盤平団地の強い共同性による孤独死対策の取り組みも、家賃裁判、建て替え反対などの歴史的な運動により、特殊な条件で築き上げられてきた共同性に基づくものであることが明らかにされています（呉 2021）。今から考えると、孤独死の原因に対するわたし自身の認識不足がありました。孤独死の原因は単純なつながりの喪失ではなく、したがって単純なつながりの強化では解決しない。高齢者の〈生活－文脈〉をふまえていなかったわたしの認識の問題であり、結果として間違った対策を提案することにつながってしまったのです。

3　「文脈」なき「生活モデル」？

愛西市の取り組みで、わたしが見過ごしていたのは、一人ひとりの「生活」をめぐる「文脈」です。これは、孤独死という課題解決を考える側の都合で、「生活」をとらえてしまうことによって見過ごしていたものといえそうです。なぜ、そのような状況が生じているのかという「文脈」をとらえそこなっていたのでした。

もっとも、「生活」を中心にとらえる視点は、高齢者福祉を含む福祉実践全般で強調されているものです。孤独死対策など高齢者の福祉的課題に対して、地域コミュニティをベースにして地域住民の参加と専門機関の連携による解決がめざされています。政策の中心となっているのは、地域包括ケアシステムです。地域包括ケアシステムとは、介護・高齢者福祉領域を中心に、団塊の世代が七五歳以上となる二〇二五年を目標に、重度な要介護状態となっても住み慣れた地域で自分らしい暮らしを人生の最後までつづけることができるよう、住まい・医療・介護・予防・生活支援が一体的に提供される地域の包括的な支援・サービス提供体制です。地域の暮らし、生活支援という言葉に象徴されるように、専門機関だけではなく、居住している地域を基盤とした、日常生活の支援がめざされています。この文言からみても、「生活」が重視されていることが明らかでしょう。

では、こうした「生活」を中心に据える視点は、どのような福祉的な取り組みに結びつけられているのでしょうか。「生活」を基盤とした支援の取り組みを進めるのがソーシャルワークの仕事です。高齢者の孤独・孤立を含むさまざまな課題解決をめぐるソーシャルワークの基本的な考え方・方法論としては、「生活モデル」が重要な位置を占めています。一九七〇年代後半からソーシャルワーク理論の中心となる概念が「生活（life）」であり、「生活モデル」を基盤とする考え方になっていったのです（Germain & Gitterman 1996=2008）。「生活モデル」が登場したのは、それまで主流となっていた「医学モデル」への批判からでした。「医学モデル」は、ちょうど医療実践のように、個人になんらかの「問題」を見いだしその治療をおこなうという形でかかわるというものです。前の節でわたしが陥った視点は、この「医学モデル」的な視点といえそうです。それに対して「生活モデル」は、個人に「問題」を見いだすのではなく、むしろ周囲の環境や社会関係に目を向けます。その場での「適応」や「良好な適合状態」といった生態学の概念を中心に据え、生活場面での「人と環境の交互作用」に焦点を当てて課題に対応していきます。その意味では、障害学で主流となった、個人ではなく社会の障壁の解消をめざす「社会モデル」と共通点を見いだすことができるでしょう［＊3］。

それでは、実際にどのような形で「生活モデル」が使われているのでしょうか。個人の生活環境をとらえ、社会関係を理解する手法としてよく用いられるのが、ハートマンによって開発されたエコマップです【図4・1】（Hartman 1978）。エコマップでは、家族を中心として、支援対象の個人のもつ関係をマッピングしていきます。家族環境だけでなく、社会福祉、医療など地域社会のさまざまな関係をマッピング

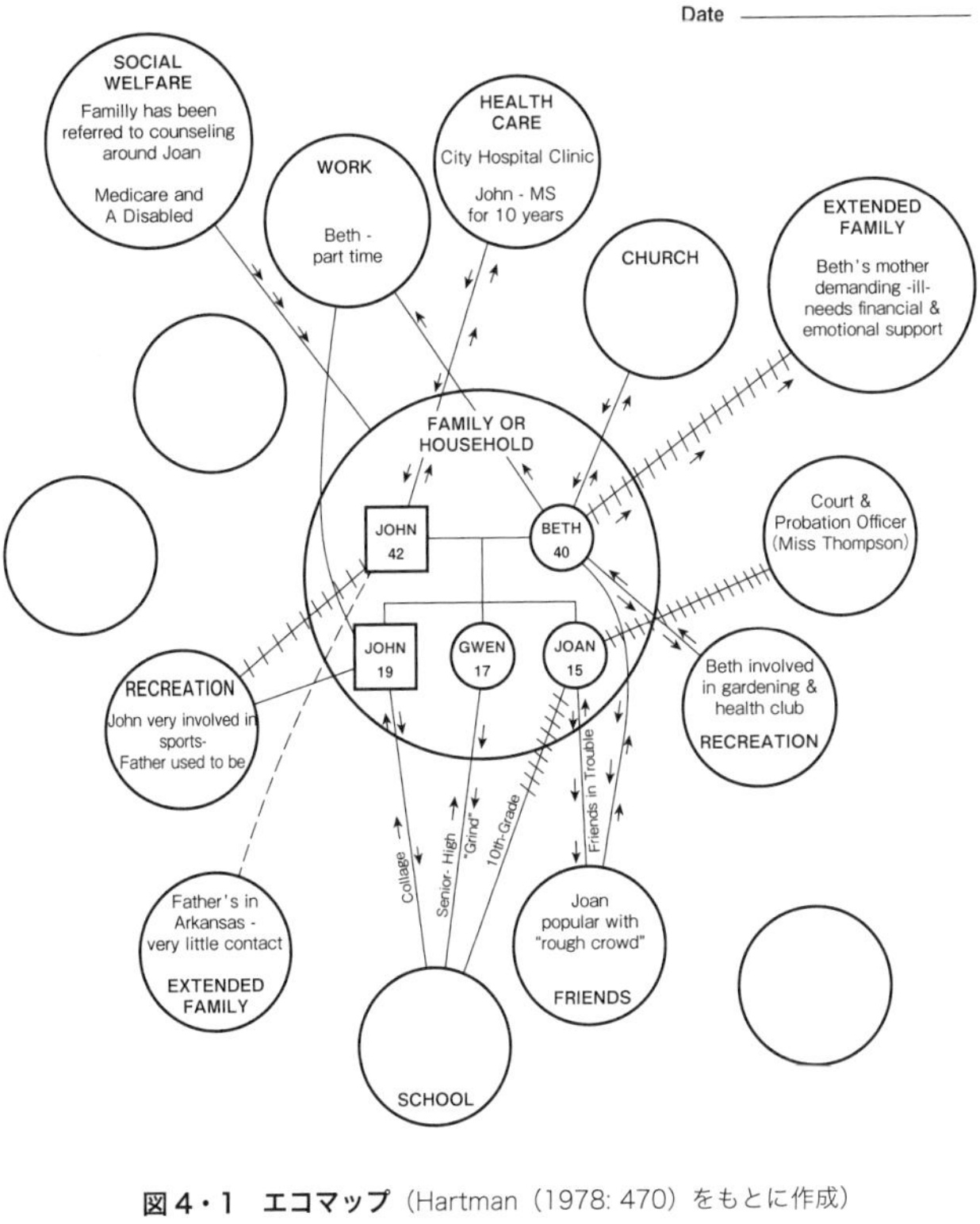

図4・1　エコマップ（Hartman（1978: 470）をもとに作成）

し、生活実態を把握していきます。こうした作業をとおして、孤独・孤立の状況を測定し、支援を可能にする社会関係を発見することが目的となります（岡本 2009: 17）。

エコマップは人々の社会関係を中心とした「生活」をみるために、家族・親族だけでなく、できる限り近隣関係や友人関係、職場や趣味の活動、かかわりのある専門機関をあげ、その関係を図示していくものです。孤立している場合は、エコマップに示される関係が量的に少なくなります。また、もう一点重要なのは、親密な、よい関係だけでなく、対立的な関係についても図示することです。これは、【図4・1】で、斜線が入った線分で表されているものです。もっとも、主に重視されるのはよい関係のほうです。それは、個人の対処力（コーピング）、さらに個人がもつ社会関係の「強み」（ストレングス）を探り出し、それを支援に活用していこうというストレングス・モデルの考え方が主流となっているからです。実際、現在の高齢者福祉をめぐる基盤となっている、幸福な高齢者の条件を探る「サクセスフル・エイジング」の議論においても、「生活への積極的関与」として、よい人間関係と生産的な活動が位置づけられているように、高齢者福祉の根幹とされています（原田 2020）。

愛西市の事業でも、孤独死をしたケース、そして独居高齢者の孤立状況についてエコマップをイメージしつつ、どのようなつながりをもっているか、見えていないつながりは何か、そして、孤立させないためにどのようなつながりをもつことが可能かを探ろうとしました。この作業をベースに、孤独死対策として地域でつながりをつくるための方策を考えたわけです。まず、この事業を進めていくうえで最初に考えなければならなかったのが、孤独死の実態把握です。「一人で亡くなっている状態を発見されたケース」について、市役所職員、民生委員、関連機関で聞き取り調査を実施することにしました。できる限り、エコマップに示されるような社会関係を調べ、亡くなるまでの生活の状況や、経緯などを把握しつつ、孤独死に至った経緯の検討をおこないました。その結果、四八件の事例を確認することができました。

孤独死した人の社会関係についてみてみると、ほぼ関係をもたない層が半数以上を占めていました。しかし、いわゆる完全な孤立は少ないことも明らかとなりました。エコマップで表現すれば、なんらかのつながりが認められるイメージです。近所に暮らす親族が毎日確認している、娘が毎日訪問、前日孫が訪問といった家族とつながっているケース、隣の友人と毎日午前中福祉センターを利用しているといった定期的な関係が認められたのです。死後一週間程度で発見されたケースでも、毎日宗教団体の集まりに参加、月に一～二回娘さんが通い、福祉センターにも毎日通う、息子の妻が定期的に訪問というように、一定の関係が保持されていたケースがほとんどでした。とはいえ、孤立している層が多くいることから、さらなる地域コミュニティの強化が必要になると、自分の事前の想定に固執して考えようとしていました。

こうした方向性を前提として、より明確な手がかりを得ようと、孤立している高齢者の実態調査とその分析を進めました。二〇〇〇年代に入り四件の孤独死が発生していた地区における独居高齢者の生活実態調査です。この地区は調査を実施した当時、高齢化率二七％、六五歳以上の一人暮らし世帯が一一・九％でした。ここで調査をおこなった一人暮らしの高齢者の社会関係についてみてみると、親しい親族との交流程度は、一五％弱が「交流がない」か「電話のみ」の交流でした。「心配事や悩みを聞いてくれる人」についての一六・七％が、「思いやったり気を配ったりしてくれる人」も一二・五％が「いない」としていました。「長期間の看病や世話をしてくれる人」については、「いない」が五八・三％、「ちょっとした用事や留守番を頼める人」という日常的な関係については二〇・八％が「いない」となっていました。

これらをエコマップに描いてみると、地域でのつながりがなく、近距離に住む家族・親族・友人が存在しない、いわゆる「孤立」した層が二割近くにのぼっていることが明らかになりました。こうした関係の乏しい孤立した層について、地域のなかでどのようにつながりを構築することができるかを考え、既存の組織を念頭に、つながりを強化していくことを考えたのです。

しかし、次の点に注意が向けられていませんでした。先ほどみてきたように、家族・親族による定期的訪問や、参加をしている人が大部分であり、完全な孤立状況が孤独死をもたらすというイメージとは大きく異なっていたことです。今後の近所付き合いの希望も、「これまでと同程度」という現状維持の志向が四分の三近くを占めていました。つまり、孤独死が多発している状況ではあるものの、これまで以上には地域コミュニティとの関係が望まれていないということでした。

逆につながりが保持されていることが、孤独死防止の絶対条件とはならないということもわかっていたはずでした。孤独死を発見した人は誰かということから考えても、発見した人のうち、家族、親族が合わせて約三分の一で、近隣住民一六・七％、民生委員が一〇・四％となっていました。サービス利用状況については、最も重要な機能を果たすべき緊急通報システム利用者が二七・一％と四分の一以上を占めていたことも気にかかりました。これらの点からは、つながりがあっても、そして見守りのサービスの利用があっても、安否確認の仕組みが整っていない場合は機能しないということが示唆されます。

つまり、地域コミュニティを強化することが必ずしも解決につながらないこと、そして、今後の対策を考えるうえで、孤立している層が地域コミュニティの関係を望まない場合が多いという「生活」の「文脈」が重要な意味をもつということです。この点について十分に調査データの分析から考えられなかった点が、愛西市孤独死対策でのわたしの失敗に結びついたと思われます。つながりを強化すればいい、コミュニティを強化すればいいという形で、平板に「生活」をとらえていたのです。別の言い方をすれば、孤立対策はつながりをつければ解決するという思い込みに固執し、そもそもなぜ孤立しているのかという点をみようとしていませんでした。

たしかにわたしは「生活モデル」でとらえようとしていたはずでした。しかし、なぜ孤立しているのか、近所付き合いを求めていないのか、エコマップでみえてくる関係の背後にある「文脈」を無視していたのです。これは、エコマップが、事例のある局面を切り取った断面図であり、問題の経緯・過程など、時系列的な把握に対してもつ限界でもあるでしょう（岡本 2009: 17）［＊４］。

わたしの愛西市での調査と取り組みについて振り返ってみると、本当に「生活」をとらえていたのかという反省点のみが思い起こされます。ただただ、関係づくりの線引きを機械的におこなうことに邁進していたようです。こうした問題を回避するためには、天田城介は、高齢者を取り巻く「場」と「文脈」が重要であることを指摘しています（天田 2010: 5）。当時の自分の思考を反省的に振り返ってみると、

「場」として「生活」をとらえようとしたのですが、「文脈」を抜いて考えていたのではないか。つまり、わたしがとらえていた高齢者の生活は、「文脈」なき「生活」となっていたのではないかということに気づかされたのです。こうした反省点をふまえ、次にみていくような、愛西市独自の取り組みを模索することになりました。

4 高齢者の〈生活－文脈〉理解から

「生活モデル」を前提としたエコマップによる社会関係の分析は、社会関係の視覚化や量的把握に力を発揮します。そしてこうした方向性は、孤立していない高齢者のほうが、健康状態がよく、幸福度や生きがいが高くなるという実証研究の成果からも支持されていくことになるのです（斉藤 2018）。しかし、ここには一つ大きな弱点があることに気づかされます。それは、当事者にとって望まない関係があること、ネガティブな関係ゆえに孤立するという、当然考えられるべきことが忘れられてしまうという問題です。ネガティブな付き合いが幸福度を下げるという、見えにくいが当然の問題が忘れられてしまうのです。また、できるだけつながることができそうな社会関係への期待から、付き合いのもつ効果を過大に見積もりがちです。このような形で、孤立する高齢者の関係の「文脈」を無視して、支援の制度に押しはめて、関係を創出していこうとするようになるのです。実際、わたし自身は、関係者への聞き取り調査からも、孤立している層は、自治会とはなんらかの形で対立、疎遠になっていた点を聞かされていました。しかし、それを自分自身の思い込みから、あえてみないようにしていたように思うのです。

このように、わたしの失敗の根本要因は、高齢者の社会関係、生活環境の「文脈」を無視して、ひたすらつながりを強化していこうということにありました。これは、「生活モデル」自体の問題というよりも、わたしの「生活モデル」理解の限界です。端的にいえば、孤立する高齢者の社会関係がつくられてきた経緯、なぜ孤立してきたのかという理由、そして、当事者である高齢者がもつ今後の関係に対する構え方をみていないということの問題といえるでしょう。

この点について、高齢者の生活を見守る現場のソーシャルワーカーも、次のような発言をしています。クライエントの「『今』しか知らない」ことを問題視し、「①今までどんな生活を営んできたのか、②どんなネットワークの中で生きてきたのか、に着目したい」と語っているのです（鋒丸 2010: 65）。現在の社会関係だけでなく、これまでの生活のあり方、そしてそれがどのように変化したのかについて理解すること。これは「生活」の「文脈」といえるでしょう。では、この「文脈」はどのようにとらえられるものなのでしょうか？

ここで先にみたエコマップによる把握と対照的と思われる、社会関係のマッピングを紹介しましょう。患者を取り巻く医療文化など地域の生活場面を重視した精神科医の中井久夫が作成した社会関係のマップが、【図４・２】です（中井 2011: 17）。これは、統合失調症の患者の社会復帰にかかわる臨床現場から生み出されたものであり、本章で対象としている高齢者の支援とは対象・課題とも大きく異なるものです。

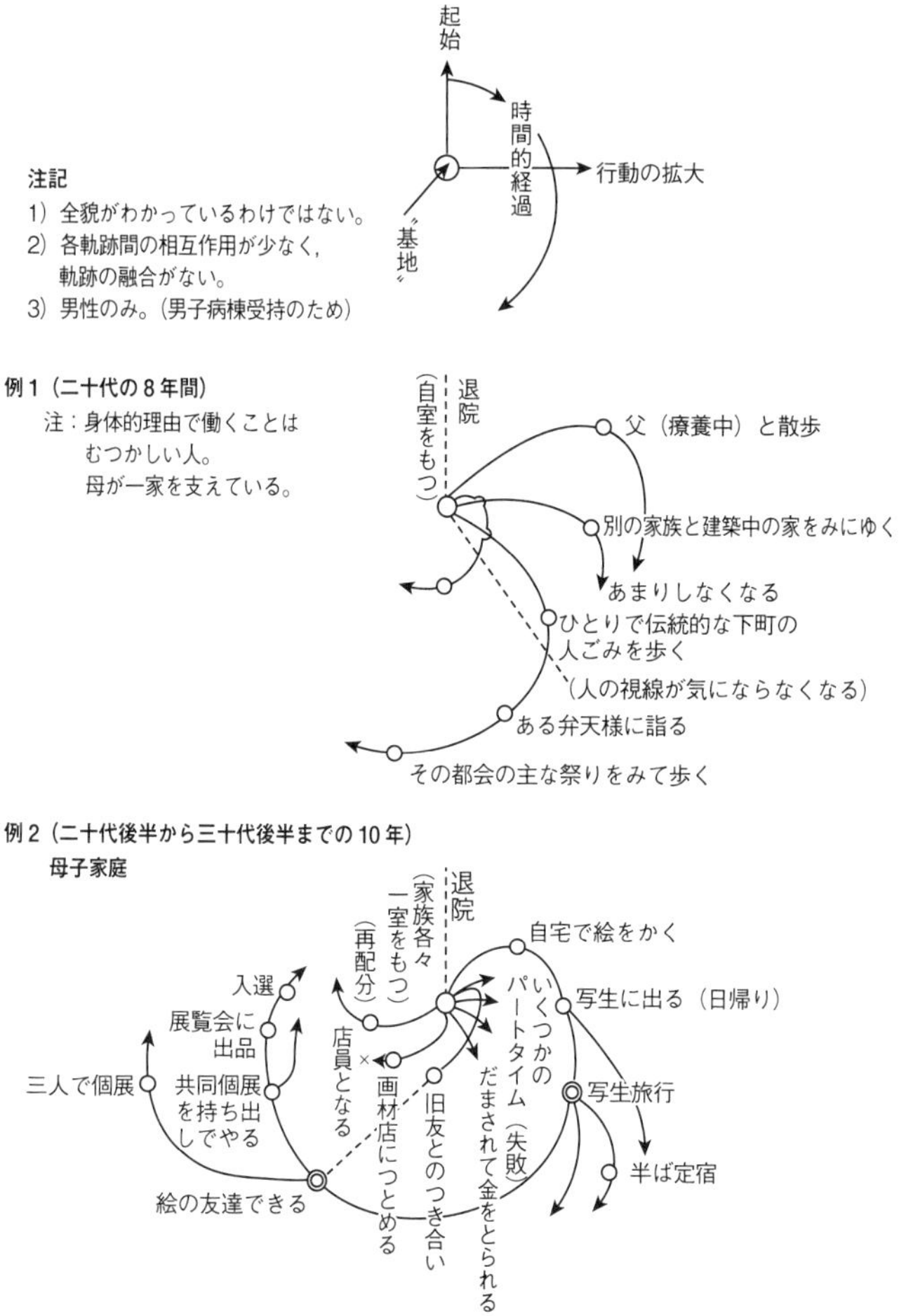

図4・2　中井久夫による社会関係の理解（中井（2011: 17）をもとに作成）

しかし、社会関係から「生活」の「文脈」をとらえる方法として、非常に参考になる重要な議論を展開しています。

中井はまず、統合失調症の人たちが、評論家のサロンや、マニアックなバーなど、あまり気づかれにくい、支援者の想像もつかないような生活の場を確保していることを指摘します。連続的に一歩一歩同心円状に生活圏を拡大していくのではなく、他者に注目されず、拘束力をもたず、無名性が保障されるような場を好むということです。それを時間的に示したものが【図４・２】です。この間、うまくいくことばかりでなく、だまされたり、失敗したりしながら、つながりを見いだしていくのです。こうした関係の分析から疑問視するのが、それまで築き上げてきた関係に「復帰」させるという見方です。中井は、社会の多数者の道に「戻そう」とすることに大きな問題があるのではないか、むしろ「巧みな少数者」として生きる環境が重要ではないか、そして家庭や職場においてなんらかの困難を抱え、安全を保障されていなかった場に戻すことに意味があるのかと疑問を呈するのです。そして、社会関係を取り戻すためには、探索的に、少しずつ模索しながらつながりをつくっていき、そこから根を生やしていく方法の獲得が重要であると主張します。支援する側に対しても、こうした行動を支持するように動くことを求めます。ここで強調されているのは、たんにそれまでの社会関係に復帰させるのがいいことなのか、そして、わたしたちが簡単に人のつながりを考えることへの戒めといえるでしょう（中井 2011）。

以上の中井の議論からは、エコマップによる把握のようなつながりの理解ではみえてこない、時間軸に沿った関係形成、関係の消失といった「文脈」を理解し、どのような社会関係形成がありうるのかについて丁寧に探るということの意義がみえてくるのではないでしょうか。言葉を換えれば、個人が「これまでどのような生活をたどってきて、現在はどのような生活をしており、そして、どのような人たちとどのような人間関係を築いているのかをまずは実際に把握しようとする」ものであり、「地域社会に脈々と生き続ける文脈」(宮内 2009: 63)を探ることの重要性です。エコマップによる理解では見落とされがちな、個人の「文脈」に沿った社会関係の足跡をたどるという意味で、〈生活-文脈〉理解のもつ実践的な意義といえるでしょう。

こうした「文脈」を重視する形で、愛西市でも、関係性の「文脈」から再度検討していきました。高齢者の聞き取り調査では、「持ちつ持たれつ、困ったとき頼まれたら手を貸したり借りたりする」という積極的な評価がある一方で、「現在の付き合いで幸せです」、「交際範囲は多いのに越したことはありませんが、その分摩擦もあり、気を遣わなくてはならないから今の私はこれでいいかなと思います」という現状維持を求める声が多いことに気づかされました。「深入りしすぎるとプライバシーが侵害される」、「あまりお互いの家庭に入り込まない。それが長続きする秘訣と思います」というように消極的な志向も多かったのです。「高齢になってきたので、今まで以上に付き合いを増やしても体がついてこないので、今のままで十分。少々多すぎて体調の悪いときに断るのに苦労しています」、「お互い入り込むのは好きではありません」、「プライバシーを守りたい。土足で踏み込まれたくない」という消極的な志向が多く、意識レベルでみても、地域コミュニティをより強化するようなニーズが高くないということが浮かび上がってきたのです。

また、あらためて個人の関係性の「文脈」をふまえた分析をおこなった結果、次のようなケースのもつ重要性を再認識させられることになりました。さまざまなつながりや公的サービスをみずから拒否する、いわゆる「援助拒否」のように、孤立を選択する層です。たとえば、「とても頑張り屋で、必要なことは知人にお金を渡して処理する」、「人との交流を持ちたがらない」、「近所との交流は持たない」、「公的介護サービスの利用を自ら拒否」というケースが一定数存在していました。人との交流をもちたがらない、近所付き合いはなく、世話になりたくないという層は、自治会、老人クラブなどには入らず、地域コミュニティに参加することが困難であることは明らかでしょう。ここには、近隣の人々との交流を求めたところで効果をもたないというジレンマが横たわっていました。はたして孤独死は地縁関係を強化することで予防できたのか、さらに一定数存在する「援助拒否」層について、地域コミュニティの強化によって効果をもつのか、疑問となったのです。

これとは別の角度から、「救助されたケース」についても分析をおこないました。孤独死を防ぐことができた八件のケースの発見者についてみると、ヘルパーが五件、乳酸菌飲料配達員が二件となんらかのサービス利用者が目立ち、近隣住民は一件のみでした。救助の可能性から考えてみても、孤独死を予防、回避できる条件としては、近隣関係ではなく、むしろ別の社会関係が重要ではないかということです。ここからもう一度、孤立する高齢者や、あえて関係をもたない／もとうと希望しない高齢者の〈生活－文脈〉から対策を考えました。愛西市では、もともと「高齢者の孤立の防止」と「孤立死の予防・早期発見」を目的として、老人クラブなどの地域活動支援、介護予防事業や介護保険サービス、緊急通報システム、乳酸菌飲料給付、配食サービスなどのサービスを実施しています。こうした制度を引きつづき活用しながらも、調査から明らかになった、サービス利用者にも孤独死が発生したという実態や、近隣関係が果たす効果の限界といった課題にこたえるために、新たな取り組みをスタートさせたのです。

ここでの課題は、地域コミュニティのさらなる関係の強化が困難ななかでの見守りの地域支援ネットワーク構築です。この課題に対して、地縁関係に限定されないネットワークの構築を進めました。具体的には、自治会役員、市役所、警察署、消防署、社会福祉協議会、在宅介護支援センター、介護サービス事業者、郵便局、新聞販売店、牛乳販売店、乳酸菌飲料販売店など関連する機関を網羅的につなげる見守りネットワークを構築しました。ここにあげたなかで、つながれるところを選んでほしい、いやな関係は無理してつなげなくてもいいという仕組みをつくることが一番の目的でした。これは、自治会や老人クラブなどと関係が薄く、また、そのような近隣関係とのつながりを望まない高齢者に対しても見守りを可能とするための取り組みといえます。近隣関係に限定されない、選択可能な、そして無償の見守りネットワークとすることで、実態調査から得られた課題にこたえることを意図したものでした。

この事業のなかでも、一人暮らし高齢者の利用希望が特に多かったのが、新聞販売店、牛乳販売店、乳酸菌飲料販売店による見守りです。愛西市では、六五歳以上の独居高齢者を対象に、無償の緊急通報システム事業、自宅に乳酸菌飲料を無料配付し安否確認をおこなう事業、自宅に一食につき四〇〇円の自己負担で昼食を配食、当日回収し安否確認をおこなう配食サービス事業が実施されていました。こうした事業をさらに強化するよう呼びかけ、市内の新聞販売店五軒、牛乳販売店五軒、乳酸菌飲料販売店一軒が、異変を感じた際に市役所高齢福祉課・地域包括支援センターに連絡する安否確認システムが実現しています。この取り組みによって、乳酸菌飲料の無料配布サービスを通じて救助につながったケースもありました。また、新聞販売店による見守り事業はコロナ禍で対面での見守りが縮小を余儀なくされたなかで、有効な方法としても注目されています。こうして、「文脈」をふまえた「生活モデル」、〈生活－文脈〉理解を基盤とした取り組みの重要性を再認識させられることとなったのです。

5　さらなる〈生活－文脈〉理解に基づく福祉実践へ

愛西市の事業終了後、〈生活－文脈〉理解に根差した高齢者福祉の実践を、他の地域での取り組みに対しても試みました。そのなかの一つが、愛知県長久手市の取り組みです。長久手市は自治会加入率が五三％（二〇二〇年度）と県内最低の水準のなか、今後予想される高齢化の急速な進展に対応した、高齢者の地域コミュニティへの参加促進を基盤とした福祉施策を進めていました（松宮 2022）。わたしはこの事業策定のために、いくつか高齢者を対象とした調査を委託されたのですが、その中心となったのが、市内にある二三の喫茶店を訪問し、来客者二二二名に実施したインタビュー調査です。この調査の意図は、できる限り日常生活の場面に近いところでお話をうかがうことにありました。また、高齢者のつながる場として喫茶店の可能性にも期待していました。

ここでなぜ、喫茶店に注目したのでしょうか？　総務省「家計調査」によると、二〇二〇〜二〇二二年の平均で一世帯あたりの喫茶代の年間支出は、岐阜市が一万三五八九円と最も多く、次いで名古屋市が一万〇五一二円で、全国平均の六、四二一円を大きく上回っています［＊5］。名古屋市の一般飲食店に占める喫茶店の割合は全国で最も高く、「名古屋方式」、「愛知方式」とよばれる独自のサービスが展開される喫茶店文化により、多くの来客者を引きつけているのです。この「名古屋方式」、「愛知方式」とは、比較的安価にコーヒー代金が設定され、開店から一一時ごろまでコーヒーの代金のみでパン、卵などがつく「モーニング」のサービスが実施されるものです。これに加え、独特の「チケットサービス」があり、コーヒーチケットの綴りを店に預けることで、リピーターの確保につなげているのが特色です。愛知県を中心とした東海圏では、朝食時に喫茶店を利用する地域特有の生活文化があるのです。

このような地域の生活文化としての喫茶店を、高齢者のコミュニティとして活用できるのではないか。ここでヒントとなるのが、「サードプレイス」という概念です。「サードプレイス」とは、アメリカ社会において「インフォーマルな公共の集いの場」が喪失されていることに対する解決策としてオルデンバーグによって提起された概念です。第一の場：家、第二の場：職場に対して、第三の場である「サードプレイス」を、「インフォーマルな公共生活の中核的環境」としています（Oldenburg 2013: 59）。「サードプレイス」は、あらゆる人を受け入れる地元密着型の社会空間であり、近隣住民を団結させる機能、来訪者を元からのメンバーと引き合わせる機能、コミュニティのためのリーダーをつくり出す機能、参加型娯楽の場を用意する機能、政治討議の場、知的討論の場、オフィスとしての機能をもち、居酒屋、パブ、公園、カフェなどが具体的な事例としてあげられています。まさに、高齢者のつながりをもたらす地域の資源として、喫茶店は「サードプレイス」となるのではないか。そして、「孤独」、「孤立」を解消するための重要な居場所となるのではないかと考えたのです。

こうして、高齢者の住む場所に近い喫茶店を、高齢者の集う「サードプレイス」として活用していくことを計画しました。これは高齢者が居住する小学校区のような近隣地域に「サードプレイス」をつくるというもので、地域包括ケアシステム推進など国レベルの政策的動向や、長久手市の地域福祉政策のめざす方向性とも合致していました。実際、インタビュー調査の過程で、次のような声を多く耳にし、その想定が間違っていないと思うに至ったわけです。

・喫茶店からは徒歩一〇分くらいで、毎日七時に起きて歩いて通っている。家にいるとひとりなので仲間と話せるのがよい、ボケ防止にもなると思う。気軽に話す機会がいっぱいあればいい。（男性八〇代）
・喫茶店まで二五分くらい歩いてくる。通勤だと思っている。（女性八〇代）
・転入間もないが喫茶店を通して友人が増えたのでよかった。（女性六〇代）

こうした声から、実際に孤立した高齢者のつながりの場をもつこと、そして地域参加に結びつけることができるのではという、福祉的な発想が浮かんでくるのも当然のことでしょう。東海地方特有の喫茶店文化を利用した見守りのネットワークづくりが十分にできると考えたわけです。

もっとも、次のような語りの重要性にも気づかされました。こちらの想定している喫茶店利用と、実際の高齢者の利用の文脈との間にみられる違いです。これは、先にみた、愛西市調査での失敗からの教訓が生きたように思います。

・市の施策は、自分がアクションを起こせというメッセージ。障がい者、精神的につらい人は取り残される、やらなければ置いていかれる感じがしてしまう。参加しない、出られない人のことも考えてほしい。元気な人を見ると落ち込んでしまう、出られない人たちがいる。やらないとダメと思われる。どうしてもそういうメッセージを感じてしまう。（女性六〇代）

・地域共生ステーション［＊6］ができたことは知っているが、あそこは構えてしまう。（男性八〇代）

このような声からすると、わたしたちが進めようとした地域参加の取り組みは、たんなる強制になってしまうのではないか。高齢者福祉の現場では、積極的な地域参加や、地域コミュニティづくりが謳われているのですが、ここで進められる関係づくりや、つながりを強制する施策のしんどさに対する声が多くあることもわかってきました。であるならば、せっかくの喫茶店でのつながりも、「生活」の「文脈」を無視した無理な誘導になってしまうのではないか。そこで、もう一度、喫茶店利用の文脈を考えてみたのです。そして、次のような声に耳を傾けることの必要性に気づかされたのでした。

・夫はひとりで本を読みに別の喫茶店に行く。誘ってくれないので、ここでモーニングをとる。女性の友人たちは趣味が多くて、ここでは友人とわいわいやって楽しい。（女性八〇代）
・この店では、だいたい誰がどこに座るか決まっている。話したいときはそこで一緒に座り、ひとりで過ごしたい時は、奥の席に座りにいく。（女性六〇代）
・徒歩での喫茶店通いが日課で、ここだけでなく、他の喫茶店にもよく行く。違ったグループと交流ができる。（男性七〇代）
・長久手に移り住んだ時にいくつか喫茶店を回ってみて、店主があまり話しかけて来ないここに決めた。（女性七〇代）

ある喫茶店では、「あっちは先輩たちがいるから行かないようにしている」と七〇代の男性高齢者が八〇代の男性高齢者グループに遠慮していることを知りました。こうしたケースや、先に示したケースのように、目的によって喫茶店を選んでいることがみえてきたのです。こうした声は、取り組みを進めていくうえで重要な意味をもち、無視することはできません。それは、「生活」なき「文脈」理解に基づく、無理な取り組みを進めることにつながってしまうためです。

もう一点気づかされたことがあります。家から一番近い距離にある喫茶店に通っている割合は四四・六％で、けっして一番近い距離の店に通っているわけではなく［＊7］、特定の趣味の人と会話をしたかったり、逆に店で一人でいたかったりするなど、それぞれの希望に合わせて店を選択していることが明らかになったのです。

以上の発見を先に示した【図4・1】のようなエコマップに落とし込んだ場合、人と喫茶店との間に一本の線が引かれるだけです。それに対して、【図4・2】のようなイメージで、喫茶店での関係を考えてみた場合に、試行錯誤しながらそれぞれの意図をもって喫茶店での社会関係を築いていく姿がみえてくるのではないでしょうか。かなり遠方の喫茶店を選んで行く人も多く、同じ地区で関係をつくり上げることを強制することは、むしろ逆効果になります。一人ひとりの〈生活-文脈〉理解に根差した福祉的実践をおこなうことの意味は、このような関係のあり方を見据え、個人の選択を可能にするネットワークを構想することにあります。この点を無視しては、無理な関係づくり、強引な関係づくりというパターナリズムに陥るだけでしょう。こうした反省をふまえ、取り組みを進めていくことができました。その後、喫茶店を含む事業者の見守り事業である「行方不明高齢者保護ネットワーク事業」として市の見守りのネットワーク化につながっています。

このような〈生活-文脈〉理解をベースに取り組みを考える意義として、先にみたような福祉実践が進めてしまいがちな限界を教えてくれるということがあげられると思います。こうした役割も重要なのですが、ここで強調したいのは、限界を超えた新たな可能性を発見することにもつながる点です。たとえば、喫茶店利用者の地域コミュニティ参加を考える際に、すべての喫茶店利用者に毎日おこなっている趣味や活動についてもうかがったのですが、一番多かったのが「農作業」で、実に五九名の方があげていました。高齢者の農作業には、共同作業として関係を生み出す効果が指摘されます。無理をしない形で、朝のウォーキングの際に高齢者主体で運営する菜園、花壇づくりによるつながりの構築を進めることになったのです。特に、農の活動による地域コミュニティづくりは、孤立しがちな男性の参加にも有効とされています（松宮 2022）。この調査をとおして、「援助拒否」などの問題を超えた、新たな高齢者の〈生活－文脈〉理解に根差した地域コミュニティのあり方を構想することができると考えたのです。

6　おわりに：「文脈」をふまえた「生活」理解

これまで、高齢者の「生活」をめぐる課題をどのように理解するのか、そして、どのように取り組みに結びつけることができるかという点から検討してきました。「生活モデル」が主流となっている福祉実践の現場ではありますが、「生活」をとらえる方法については、それほど確立しているわけではないのです。この課題に対して、愛知県でのわたしの調査研究を反省的に再分析することから考えてきました。「生活」を重視すると言うのはたやすいですが、実際に実行するのはむずかしいのです。とらえる側の視点から都合よく人々の社会関係を切り取ってとらえてしまったり、実践的な関心から、よりよい関係がないか、使えそうな生活の「強み」がないかと前のめりになり、都合よく「生活」を構成してしまったりするわたし自身の失敗から、その問題の一端がみえてきたのではないでしょうか。

漠然とみているだけでは、「生活」自体がみえなくなってしまう。特に関係性を単純にマッピングするような調査は、「文脈」なき「生活」理解とよぶべきものであり、わたしがおかしてしまった失敗につながるものと考えられます。さらにいえば、「生活」の「文脈」を見失うということだけでなく、自分自身の限られた「生活」の経験に拘束された見方のままで、勝手に他者を操作する発想につながる危険性さえあるのです。

なんらかの生活上の困難や、加齢にともなう身体的・精神的な「ままならなさ」を抱えた高齢者に対して、どのような生活支援の基盤をつくり出していくことができるかを考えるうえでは、まずは「生活」の「文脈」を理解すること、そしてそこから実現可能な生活再編の「方法」を見いだしていくことが重要になります。この点について、中井久夫は、環境と動的な平衡を保ちつつ生存のための諸条件を安定して維持できる領域としての「ニッチ」を発見し、そこから養分を汲み取るための根を張る機会を与える社会のあり方とその支援を主張しています（中井 2017: 316）。これまでの「生活」が根を生やし、茎を伸ばしてきたあり方を考えること、逆に、葉を失い、根を枯らしていく「生活」のあり方への対応として、もう一度根を生やすために支えていく「方法」を見いだすことを主張するのです。この中井の視点は、〈生活ー文脈〉理解が認識レベルだけでなく、実践の方向性にも大きな影響を与えることを示唆するものです。

もっとも、〈生活ー文脈〉の理解とは、たんに「生活」をみればよいということではないことについても述べておく必要があります。むしろ、それまで自分がイメージしていた「生活」が、調査によって掘り起こされた「文脈」をふまえることで大きく崩れていく。そして、それが新たな認識を生み出していく。その終わりのないプロセスといえるでしょう。もしかしたら、「まえがき」で描かれた「蜜柑」のエピソードのような鮮やかな認識の転換には至らず、「生活」がわたしたちを拘束しつづける重みをひたすら突きつけられることになるのかもしれません。他者の行動を了解した状態に至るとは限らず、他者の不安を増幅させることもありうるのです。それでもこのプロセスは、自分自身の先入観や思い込み、そこから生まれるパターナリズムを反省的にとらえ直すことができるという点で、高齢者の生活支援のあり方をよりよく理解することにつながると思うのです。

もう一点、既存の社会関係が常によいものであるとはいえないということも、この章での〈生活－文脈〉理解から指摘しておくべきことです。「生活」への視点というと、その創造性、自律性をみる視点が主流でした。第3章で論じられている有賀喜左衛門の生活論や、それを展開させた諸理論に認められます［＊8］。こうした視点に対して、ここでは、むしろ、「生活」がわたしたちを拘束する部分に焦点を当てています。それは、拘束に従うべきということではなく、「生活」のポジティブな側面への注目が、無批判に現状を肯定するだけの語りに陥ってしまう危険、その規範に従わせる力を強化することの危険に対して注意すべきと考えているためです。

したがって、冒頭の場面のような、高齢者を孤立させずに、関係をつくり出す地域コミュニティが存在していることに対して、そのような関係性をつくり出すことが唯一の解決策であるように考えているわけではありません。冒頭の場面をあらためて振り返ってみると、高齢者の「生活」を最大限支える社会的条件を生み出す「文脈」と、それを生かす人々の実践の方法に学ぶことと同時に、それがリスクをもたらすことにも目を向ける必要があるでしょう。安易にその場の「生活」のあり方を称賛するのではなく、その「文脈」をふまえ、また、直接的に見いだすことができない別の「文脈」にも考えをめぐらすことが必要になるはずです。現場にかかわる側のパターナリズムに注意しつつ、目前の「生活」に無批判とならないようにすること。〈生活－文脈〉理解をいかに現場の課題を理解することに役立て、実践に結びつけるかを考えるうえで欠かせない視点といえるでしょう。

＊1　鷲田清一は、老いをめぐって、起きなかったほうがよい厄介なものである「問題」に対して、取り組むべき意味のあるものを「課題」とし、その違いを強調しています（鷲田 2015）。ここでは鷲田の議論にならい、「問題」ではなく「課題」として考えていきたいと思います。

＊2　広島大学「全国945施設・介護支援専門員751人のオンライン調査結果」〈https://www.hiroshima-u.ac.jp/news/59484〉（二〇二三年一〇月三〇日閲覧）。

＊3　障害学における「社会モデル」との対比でいえば、障がいの軽減を個人に求める「個人モデル」を批判する流れで生まれた「社会モデル」と「生活モデル」は共通点が多く、その趣旨は重なります。しかし、社会的な障壁を問題視するという明確な主張がある障害学の「社会モデル」と比較して、「生活モデル」は実践現場でほとんど発展してこなかったという批判もあります（杉野 2012: 167）。

＊4　これに対して、孤立した高齢者への支援の場面でも、家族の歴史的な系譜変化を図示するジェノグラム（三

世代以上の家族の人間関係を図式化した図）を使った支援の重要性も指摘されています（吉川 2022）。ハートマンも、ジェノグラムを重視していました（Hartman 1978: 472）が、家族関係に限定されたものであるため、広範な社会関係を時系列的に図示するには至っていません。

＊5　総務省「家計調査（家計収支編）調査結果」〈https://www.stat.go.jp/data/kakei/5.html〉（二〇二三年一〇月三〇日閲覧）。

＊6　長久手市の小学校区ごとに設置された、地区社会福祉協議会、まちづくり協議会など、住民が参画する地域活動の拠点です。長久手市の地域福祉の取り組みについては、松宮（2022）5章、6章を参照ください。

＊7　第3章でも論じられた、日本における都市社会学の古典である鈴木榮太郎の札幌市中心部の浴場、質屋の利用者調査でも、必ずしも最も近接する店舗を利用していないことが明らかにされています。鈴木は都市住民の生活が一定のエリア内で完結するものの、それぞれの事情に応じて選択する都市住民の姿を描き出しており、最近接のエリアに完結するわけではないことに注意を促しています（鈴木 1969）。

＊8　足立重和は、居住者の「生活」を「しっかりと、そして、いきいきと生活を組み立てていく伝統、知恵、語り、しかけ、関係性」ととらえ、この「主体性」、「創造性」をもとにした生活分析と政策的有効性を主張しています（足立 2018）。

終章

〈生活－文脈〉理解の視点から永山則夫の「転職」を再考する

宮内 洋

これまでの章のように，人間の発達段階における各々のステージに区分することはせずに，この終章だけはある特定の人物に焦点を合わせ，その人物をめぐる2冊の著書をとおして，その言動についての〈生活－文脈〉理解を試みます。その人物とは，永山則夫です。永山則夫とは，4人の一般市民を小型ピストルで射殺した連続射殺犯として知られる人物です。その犯行時に未成年であったこと，犯行に至るまでの生育環境が経済的にかなりきびしい状態であったこと，獄中から刊行した著書『無知の涙』がベストセラーになったこと，獄中で書き上げた小説がある文学賞を受賞したことなどから，その名が広く知られています。

本章においては，この永山則夫をめぐる見田宗介と堀川惠子の著書をとおして，彼の転職について，〈生活－文脈〉の観点から考えていきます。永山則夫は中学卒業後に，当時は「金の卵」ともてはやされていた集団就職の若者たちと同じように，青森県から東京都へと就職していきます。条件のいいと思われる就職先も彼は退職し，何度も転職を重ねます。なぜ彼は転職をくり返したのでしょうか。この最終章では，〈生活－文脈〉理解の応用編として，その理由を〈生活－文脈〉の観点から考察していきます。

1　はじめに：永山則夫と二冊の本

『無知の涙：金の卵たる中卒者諸君に捧ぐ』（以下『無知の涙』と略記）という一九七一年に出版された単行本があります。この本は、初版の一万部があっという間に売り切れ、最終的には二七万部も売れたベストセラーとなりました。現在のようにインターネットで紙の本やデジタル書籍が容易く購入することなどできず、街の書店に足を運ばないと本が買えなかった時代に、なぜこの本がこれほど売れたのでしょうか。

この本の著者は、永山則夫という人物です。こちらは彼の本名であり、ペンネームではありません。二〇二〇年代の現在ではその名を知る人はますます少なくなっているように思われますが、当時はこの永山則夫本人の名が非常に知られていたことが大きかったと考えられます。

永山則夫は一九六八年一〇月に、盗んだ小型ピストルによって警備員を射殺しました。この殺人を皮切りに、計四人の一般市民を射殺した「連続射殺魔」として世間を恐怖のどん底に落としていた連続殺人犯が、永山でした。翌年四月に永山が逮捕された際には、世間は驚きます。マスメディアの報道によっておそれられていた「連続射殺魔」の正体が、誰もが予想していなかったような、未成年の小柄な細面の少年だったからです。

さらに世間が驚いたのは、その少年が語る、彼の生い立ちでした。さまざまな形で報道されましたし、本章の冒頭で触れた『無知の涙』として彼の思いは世に出されました。四人もの一般市民を射殺した永山ですが、この彼の凄惨な過去が知られることの影響は大きく、一時は死刑から無期懲役へと判決が変わったことにも関係していたかもしれません。しかし、最終的な判決は死刑となり、一九九七年八月に永山則夫は死刑に処され、この世を去りました（堀川 2009）。

永山は四人を殺害して逮捕されたあとに当然のことながら投獄されましたが、それ以前の幼少時があまりにも惨い貧困状態だったために、獄中では人生で初めてゆっくりと本を読むことができたと述べていたようです。そこから彼はさまざまなことを学び、みずからの生い立ちを題材にした「自伝的小説」を世に発表していきます。そのなかの『木橋』は、一九八三年に第一九回新日本文学賞を受賞します。晴れて、永山は「作家」の仲間入りをしたわけですが、文芸を生業とする職能団体である日本文藝家協会への入会については認められませんでした。そのことに抗議した中上健次や筒井康隆などが日本文藝家協会を脱会するという事態に至りました。

本章では、この永山則夫について述べていきます。永山則夫についてには、数多くの著作が出版されてきましたが、近年には永山が獄中でなされていた「精神鑑定」という名のカウンセリングによる鑑定書と、その際の一〇〇時間を超える録音テープに基づいた、堀川惠子による著作が世に出たことによって、永山則夫に対する理解が格段に深まったといえるでしょう。

本章も、堀川惠子によるその著書『永山則夫：封印された鑑定記録』（以下『永山則夫』と副題を略して表記）に拠りながら、進めていきます。そして、大きく取り上げたい著作がもう一冊あります。堀川惠子の著作が出版されるまでは、いえそれ以降も、社会学領域においては金字塔とされる社会学者、見田宗介による『まなざしの地獄』です（初出は一九七三年）。この『まなざしの地獄』もまた永山則夫に関して記された著作として広く知られています。

本章においては、この二冊に言及しながら、中学校卒業後に永山則夫が就職した勤務先を次々に変えていったことについて考えていきます。そして、この永山則夫の連続する転職について、〈生活－文脈〉理解の観点から考察していきます。

2　永山則夫の転職

まず、見田宗介による『まなざしの地獄』から始めましょう。見田は、「N・Nは年内に一度、三年間に七回も転職している。このことがのちにN・Nの犯罪とむすびつけられ、各種マスコミの報道などでは、「職業転々」、「転落の足跡」などとキメつけられることになる」（見田 2008: 23）と述べています。

この「N・N」とは、いったんは永山則夫と置き換えても差し支えないでしょう。見田は、この著作のなかでは「永山則夫」という氏名を表記せずに「N・N」と表記しています。見田は当時の永山則夫の転職の報道に対して批判的に述べています。逮捕された容疑者について、これまでの行動の一端を大々的にさも「異常なこと」のように報道することはいまもなお変わっていないのかもしれません。

一方で、堀川惠子による『永山則夫』では、永山の逮捕までは「記録に残っている仕事先は一〇ヶ所にのぼり、さらに細かなものまで加えると二〇近くになる」（堀川 2013: 160）と記されてあります。ここから、永山則夫には数多くの転職経験があるといっても問題はないでしょう。

本章でわざわざ、この永山則夫の転職を取り上げるにはわけがあります。前述の見田の著作では、この永山則夫の転職についての分析があり、この部分が社会学領域においていまもなお賞賛されています。すなわち、見田は、当時は「金の卵」といわれていた都外から移り住んできた年少労働者のことを「流入青少年」と記し、この流入青少年たちにとって転職がめずらしくはなかったことを指摘し、この転職を規定する要因として、休日に着目したのでした。具体的には、労働省の一九六五年の『年少労働者就労状況調査』のデータから、休日が少ないほど離職率が高まるという関係を見いだしたのでした。さらに、同じ調査から「給料の高さとも、休日制に見られたほどの明確な相関はない。このことは彼らの欲求と不満の質を暗示している」（見田 2008: 27）ことも見いだしました。この卓見に、「質的研究」と「量的研究」の見事な結合であるとみなされました。

見田はまた、東京都の『流入青少年実態調査報告書』からは、東京都内に就職した青少年の不満足な点として「落ちつける室がない」、「自由時間が少ない」が相対的に多くあげられていることに目を向け、この流入青少年たちが「関係からの自由への憧憬、孤独への憧憬」（見田 2008：36–37）をもつと説明します。ここから、都市に暮らす青少年の離職は「自由な時間がほしい」という形で説明され、その自由時間への欲求は〈関係からの自由への憧憬〉によって根拠づけられると説明するのです。N・Nもまた、同じ

表５・１　事業所の規模別ににみた就職後の離職率（1956年３月中学校卒業者）
（山口（2016: 83）をもとに作成）

（%）

	１カ月後	３カ月後	６カ月後	９カ月後	１年後	１年半後
４人以下	11.3	22.2	30.4	35.8	39.7	45.1
５～14人	5.8	13.2	22.1	26.3	29.5	33.8
15～49人	2.8	7.8	15.2	19.4	23.6	31.1
50～99人	4.3	12.0	22.3	26.8	31.1	36.1
100人以上	1.9	4.5	7.9	10.2	12.3	15.4
全　体	3.4	8.1	14.0	17.3	20.2	24.3

ように、離職という「脱出」（見田 2008: 30-31）をくり返すこととなると説明します。

さて、本書の執筆者全員は〈生活－文脈〉理解研究会として共同研究を継続し、その一環としていくつもの共著論文を発表しているのですが、見田の『まなざしの地獄』を再検討した共著論文も発表したことがあります（宮内・松宮・新藤・石岡・打越 2018）。そのなかで、本書の第３章を執筆した新藤慶は前述のような『まなざしの地獄』の理解とともに、上の表を紹介しています【表５・１】。

この表は一九五六年三月に中学校を卒業して東京で就職した者の離職率を示していますが、新藤は職場の規模が小さいほど離職率が高いことを指摘しています。この点は、見田のいう〈関係からの自由への憧憬〉からの離職という説明をあと押しする解釈も可能ですが、それとは異なる解釈にもまた開かれています。当時の「流入青少年たち」をめぐる文脈がまだまだ必要とされるのではないでしょうか。

3　永山則夫と虐待

ここまでは、見田宗介による『まなざしの地獄』で展開された「N・N」こと永山則夫の転職についての説明を紹介してきました。

次は、堀川惠子による『永山則夫』で描かれた永山則夫が殺人を犯すまでの来歴についてやや詳しく述べていきます。

永山則夫は一九四九年六月二七日に北海道網走市呼人無番地で生まれました。この出生地が永山少年のその後を狂わせると思える一つの要因になります。中学校卒業後に転職して住み込みで働いていたときに、雇い主から命じられて戸籍を取り寄せた永山自身にとって、「網走」と「無番地」という表記の組み合わせは、当時興行的に成功して次々に製作されていた映画『網走番外地』シリーズから、彼自身に誤解を生じさせる役割を果たしてしまい、永山の左頬の火傷の傷と合わせて、彼の人生においてはかなりの影響を及ぼしたと考えられます（宮内 2017a, 2017b）。

永山則夫が生まれた家族は、父親、母親、そして出生順に、長女、長男、次女、三女、次男、三男、四男（永山則夫本人）、四女、孫（長男の実子）の計一一名となります。永山則夫は極貧の生活環境に置かれていたと世間ではみなされていますが、実は永山家がずっとそういう苦しい状態であったわけではありませんでした。永山則夫の父親が腕のいいリンゴ栽培技師として招かれていた網走市郊外での生活は、経済的にはそれほど過酷な状況ではなく、長女・長男・次女の三名は高校に進学できる余裕があったようです。この網走市郊外でのある程度安定した生活も、永山則夫の父親の博打による借金のために、経済的にかなり苦しくなっていったようです。耐えられなくなった永山の母親は、次女と四女、そして長男の子どもである孫のみを連れて、もともと生活していた青森県の板柳町へと失踪しました。ともに一歳児であった四女と孫、そして日中に自分自身が働けるように、乳児の世話役として次女を連れて行ったと考えられます。見田宗介は、このときの母親による連れていく子どもの選択について、歴史的に選ばれなかった者の立場から、「われわれの生きる社会の構造そのものに内在する地獄」であると貧困問題の真髄について見事に喝破しました（見田 2008: 71-73）。

このときに母親に連れていかれなかったのは、当時病院に入院していた長女とすでに永山家から離れていた長男、そして三女（当時一三歳）、次男（当時一一歳）、三男（当時八歳）、四男の永山則夫（当時四歳）でした。少なくとも、まだ子どもであった三女、次男、三男、四男である永山が真冬の網走の地に残されたわけです。永山則夫にいたってはまだ四歳の幼児でした。父親は当時も網走にいたはずですが、残された子どもたちの証言には出てきません。結果的に、彼・彼女らは親に捨てられ、子どものみで一冬を過ごすことになりました。証言によると、網走公園でゴミ箱を漁るなどして、食べる物を探していたようです。

当時のことについて、三人の兄姉たちは、まだ幼かった永山則夫がいたかどうかについては共通して覚えていないと証言しており、三女にいたっては幼い永山則夫が母親に青森県の板柳町に連れられていったとさえ証言しています。自分自身が生き延びることに必死なために、最も幼い永山則夫の存在が見えなくなっていったのではないでしょうか。結果的には、置き去りにされた四人のきょうだいは奇跡的に厳冬を生き延びることができ、春になって母親が生活している青森県の板柳町に連れられていったということです。

これらのエピソードは、現在の視点からすると、四つの虐待の一つであるネグレクトの最たるものとなることでしょう。この後、板柳町に連れられた子どもたちは、母親とともに幸せに暮らしたのかというと、そうではなかったようです。朝から晩まで母親が行商をおこなっていたようですが、その生活は安定したものにはならなかったようです。当時の永山則夫は、「滅多に洗濯しない服は薄汚れて穴だらけ。外出の服も寝巻きも同じ。蓄膿症がひどく、袖先のあたりはいつも鼻汁でピカピカだった。中学二年になるまで続いた夜尿のせいで小便の臭いを漂わせ、洗わない髪は「逆立ったように」なっていた」そうです（堀川 2013: 108）。かなり経済的に苦しく、引きつづき、親からネグレクトされたままの様子がうかがわれます。

それだけではなく、堀川惠子による『永山則夫』では、彼自身が幼少期に身体的虐待と心理的虐待を受けていることが示されています。この点については、石川義博医師が獄中で永山則夫におこなった一〇〇時間を超えるカウンセリングの記録に基づいていると考えられます。

4　トラウマによる〈逃走〉の可能性

証言に基づくと、乳幼児期の永山則夫の世話をしていたのは、永山家の長女だったようです。しかし、この長女は婚約破棄などのショックから精神的に不安定となり、「奇行」のために病院に入院させられてしまったようです。ここで、永山は母親代わりの長女と突然引き離されてしまうことになります。幼い永山則夫にとっては、これ以上ないほどのショックだったのではないでしょうか。永山の自伝的小説においても、姉への思いが綴られています。そのような永山の母親代わりであった長女が退院したあとに、姉が近隣の四〇代の男性と自宅で性行為をしている場面を永山は見てしまったようです。このこともまた永山にとっては耐えられない出来事だったことでしょう。

ここまで書き記したことだけでも、幼い永山則夫にとっては耐えがたいトラウマ体験だったはずです。しかし、これだけではありません。網走での厳冬を耐え抜いた次男は、青森県板柳町に戻ったあとには、永山則夫を日常的に殴りつづけたということです。永山則夫が鼻血を流すか、気を失うまで、その暴力はつづいたそうです。当時中学生であった次男である兄は、学校での成績はトップクラスで、野球がうまく、愛想がいい少年だったとされていますが、屋内の密室では弟の永山則夫に対して、木刀で殴るなどの暴行をつづけたということです。

さらに、母親は、父親に仕草から容貌まで似ていた永山則夫を疎ましく思っていたようで、家庭内で永山則夫は家族のスケープゴートとなっていたようです。ある集団が過酷な環境であればあるほど、そのなかの構成員の一人のみを集中的に虐め、過剰に貶めることによって、集団内の自分たちは悲惨ではなく、あたかも「普通」や「幸せ」であるかのように一時的に思わせることは可能であり、このような一時しのぎがさまざまなところでなされているのではないでしょうか。永山則夫は、父親が消えた永山家において、兄からの身体的虐待、母親を中心にした心理的虐待を受けつづけ、家庭のなかにはみずからの居場所がなかったようです。少し学年が上がっていくと、彼は新聞配達の仕事をするのですが、その褒美として一日一回は映画を無料で観られるチケットをもらっていたようです。そうすると、映画館で寝泊まりすることができるようになった彼は、いつしか家出をしはじめるようになります。兄からの暴力から逃れるためにも、遠くまで家出をおこなうようになっていきました。とにかく逃げる、その場から逃げる、家庭内にみずからの居場所がなかった永山則夫少年の当時の直接的な解決策だったのでしょう。堀川（2013）も指摘しているように、彼自身がサヴァイヴするための唯一の手段が〈逃げる〉ということだったと考えられます。永山が遠方まで家出をすると、警察から知らせを受けた母親が永山則夫を引き取りに行くために仕事を休まなければならなかったので、困り果てた母親は次男に永山則夫を殴らないように注意し、これによって兄の弟への暴力はおさまったとされています。おそらく永山は、逃げること、さらには遠方に逃げることが有効な手段であるということを学習していったのではないかと考えられます。

さて、ここまでの永山則夫に関する記述は、彼が上京する前の青森県での出来事でした。永山は中学校を卒業すると同時に、多くの少年たちと同様に、青森県から東京都へと集団就職しました。永山は、見田のいう「流入青少年」のうちの一人でしたし、当時は表層的にもてはやされていた「金の卵」の一人だったわけです（山口 2016）。

永山則夫自身の乳幼児期、児童期を中心に、さまざまな虐待を受け、トラウマ体験を経ていることを紐解いてきましたが、彼はその後の人生においても、他者との信頼関係を築くことがむずかしく、みずからの身を守るために、その場からの逃走を解決手段としていったことが読み取れます。

就職したのちの永山則夫は、ただ逃げるだけではありませんでした。堀川（2013）による説明を引用しましょう。

> 辛い現実から逃げ出した時、永山はいつも「安心した、自由になった」と喜ぶ。だが、心の中に憎悪は溜っていく。（中略）その憎しみを仕返しに転化しようとする時、必ず「当てつけ」の行動をとる。そして、一時的に相手を困らせて復讐した〝つもり〟になり、すっきりする。しかし、現実には何の解決にも復讐にもなっていない。しかも永山の当てつけの方法は、密航や窃盗など悪いことをして自分が捕まるといった自虐的な方向に働き、社会的に自らを貶めていく結果を招いてしまっている。（堀川 2013: 182–183）

つまり、「最初は必死に働くものの、辞めるきっかけはいつも同じ。人間関係を作れず孤立して、何をされても被害的に受け止めてしまい、果ては身ひとつで逃げ出すというパターンを繰り返」しており（堀川 2013: 175）、ここに当てつけの行動が加わったと考えられます。換言すると、〈逃避〉と〈当てつけ〉という、ある種のトラウマ反応と考えられる行動によって、結果的に永山則夫はみずからを窮地に追いやることになっていったと考えられます。

ここで、本書の執筆陣である〈生活−文脈〉理解研究会が、東海社会学会と共催シンポジウムを開催したことに少し触れましょう。〈生活−文脈〉理解研究会は二〇二〇年九月に、女性ホームレスの調査研究で知られる丸山里美氏をお招きし、シンポジウム「女性ホームレスの排除：〈生活−文脈〉から考える」を開催しました。当時は未知なる新型コロナウイルスによるパンデミックの状態でしたので、オンラインによる開催とならざるをえませんでした。そこでわたしはパネリストとして発言しましたが（丸山氏との対談形式）、前述の永山則夫に非常に似た行動を、丸山氏が調査した、あるホームレスの女性がとっていることを指摘しました。丸山氏の単著書『女性ホームレスとして生きる』において、「ヨリコさん」と記されているその女性は、支援者たちの支援によって、生活できるみずからの個室やアパートを借りられる状態に何度もなったとしても、そのたびごとにその部屋から失踪しています。おそらく生活する家まで保障してもらったというのに、まるで「恩を仇で返す」かのように、なぜ失踪してしまうのかと不可思議に思う方が多いのではないでしょうか。当該書では、ヨリコさんが「内縁の夫が亡くなってから、被害妄想がひどくなったこともあり、一人暮らしを継続することができなくな」り、「失踪して野宿しては、放っておけない様子から保護され、さまざまなところで生活保護を受けて、また失踪してということを繰り返していた」と述べられています（丸山 2013: 236）。「生活保護を受給する生活から逃れ、野宿生活をはじめるのはいつもヨリコさん自身であるにもかかわらず、野宿生活はつらいと繰り返し、なぜ失踪したのかという理由については説明することができず、本人もよく了解されていないように思われた」とつづけられ、「受け入れられない状況からはとりあえず逃げるということでしか、自分の思いを表せないのではないか」と丸山氏は述べています（丸山 2013: 236）。

この「ヨリコさん」と記されている女性もまた、永山則夫と同様に、たとえ自分の個室が物理的に与えられたとしても、過去の虐待などによって、頑強な個室のなかでも精神的には安心することができず（心のなかには突然みずからを脅かすものが侵入してくるので）、周囲の人たちからするとわけがわからないほど突然に、せっかく準備された部屋から出て行ってしまったのではないかとわたしは考えます。野宿生活になれば、四方八方から何が襲ってくるかわからず、さらに安心などはできないことでしょう。

5　おわりに：見る人自身の〈生活-文脈〉

本章は、永山則夫の転職に焦点を当て、見田宗介による転職の説明と、永山則夫の人生の一部をみていくことによって考えられる転職のもう一つの説明について述べてきました。あえて区分すると、前者は見田宗介による社会学的な説明、後者は永山則夫の生活史の一部を紐解いたうえでの〈生活－文脈〉理解的な説明といえるかもしれません。

ここでは、どちらが正しいのかと優劣を争うわけではありません。事象を理解するためには、どの方法もまた閉ざされるべきではなく、開かれているべきでしょう。さらに、見田宗介による説明と、〈生活－文脈〉理解による説明が二律背反するわけではなく、共存する可能性もあります。永山則夫が、「関係からの自由への憧憬、孤独への憧憬」を抱いていなかったとはけっして断定することはできないでしょう。一方で、永山則夫以外の「流入青少年」においても、種々の虐待による逃走の結果が転職と数えられていた可能性もまたあることでしょう。

本章の最後に、『質的心理学講座1 育ちと学びの生成』においても述べたことですが、見る側・聞く側・考える側自身の〈生活－文脈〉理解の重要性を唱えておきます（宮内 2008）。たとえば、定住者からみると、移住者は奇異にみえてしまうことがあります。つまり、代々ある地域に定住している家系があり、その地域に生まれ、その地域から離れたことがない人がいたとします。その人からみると、その地域でおこなわれてきた／いることがあたりまえの「常識」であり、その地域の外部から来た、その地域とは異なる「常識」のもとに行動する人は「非常識」として、先の人たちの目には映ってしまいます。さらに、移住をくり返す「移住者」の言動に対しては、無自覚にネガティブに理解してしまうかもしれません。まずは、自分自身の生まれ育った、そして現在の〈生活－文脈〉の理解が何よりも重要なのではないでしょうか。

蛇足かもしれませんが、あえて付け足します。よもや誤解する方はおられないかと思いますが、犯罪行為はけっして許されることではありません。本章では、〈生活−文脈〉を理解しようという試みから知りえた、当事者の現在に至るまでの虐待体験や経済的な困窮によって、その犯罪が免罪されるべきだと主張していることはいっさいなく、ましてや殺人を許そうなどと訴えているわけではいっさいありません。くり返しますが、〈生活−文脈〉理解によって、なんら非のない一般市民の生命を一方的に突然奪ったという事実をなかったことにしようと唱えているわけではけっしてありません。連続射殺犯が自分とはまったく関係がない例外の存在と切って捨てて葬り去るのではなく、いまわたしたちが生活する社会においてこのような犯罪が再び起きることを未然に防ぐためにも、永山則夫の〈生活−文脈〉理解を進めていく意義はあるのではないでしょうか。

付記

本章は、宮内（2015, 2017a, 2017b）、宮内・松宮・新藤・石岡・打越（2018）の内容をもとに再構成したものです。

あとがき

本書の出版が大幅に遅れたのは、ひとえに本書の執筆者の一人であるわたしのせいです。

わたしの大腿骨が「ポキッ」という大きな音を鳴らして折れました。ヒトの身体のなかで最も長く、頑丈であるはずの大腿骨がこれほどいとも簡単に折れるとは思いもしませんでした。日本質的心理学会の学会誌『質的心理学研究』一九号で「身体にかかわる著書について著者本人が語る」という書評特集を担当させていただいたことがあるのですが、その冒頭の「特集にあたって」において、みずからの左足の手術、詳細にいえば人工股関節置換手術について書いたことがあります。今度は、そのときと同じ左足、しかもその人工股関節が差し込まれている左大腿骨がポキッと折れてしまったわけです。人工股関節が差し込まれた左大腿骨を補強するために三〇センチ近くのプレートが取りつけられました。この骨折のために三か月近くも入院することとなり、本書の出版が遅れてしまいました。関係者のみなさまには心よりお詫び申し上げます。そして、何よりも勤務先の学生のみなさま、教職員のみなさまに大変なご迷惑をおかけしてしまいました。この場をお借りして、心よりお詫び申し上げます。

本書の第1章でも触れましたが、沖縄県の離島である多良間島でのフィールドワークを、わたしはつづけてきました。その多良間島においては、高齢者の方々（「おじい」や「おばあ」とよばれていますが）の指が曲がったままである姿を見たことがよくあります。彼・彼女らの手の指が曲がったままであるのは、幼い頃に指を骨折してしまったからだとうかがいました。島には常駐の医師がおらず、医師がいる大きな島や都市部にも容易には行けない、ましてやドクターヘリなどはまだない時代の話です。ですから、骨折の満足な治療がなされないままつながってしまい、元どおりではなく、指が曲がったままになってしまったのでしょう。

以前の人工股関節置換手術のリハビリの際に、担当の理学療法士の方に教えていただいた本があります。『歩行再建』（大畑光司著、二〇一七年、三輪書店）という専門書ですが、ここには、足首を捻挫した場合について、こう書かれてあります。

痛みが治まってきたとしても、痛みの再発を恐れて逃避的な歩き方が身に付いてしまい、当初痛めた場所とは異なる腰や膝などに新たな痛みが発生することがある。そのような歩き方が身に付くと、これまでどのように歩いていたかを忘れてしまい、癖のある歩き方をするようになるだろう。（前掲書、一頁）

つまり、捻挫したあとに、その足をかばって歩いていくうちに、本来の自然な歩き方とは異なった歩き方になることがあるというのです。骨折や関節の痛みも同様でしょう（現在の理学療法士の方々はそうならないように科学的に治療されているわけですが）。

この「癖のある歩き方」もまた、わたしたちが述べる〈生活－文脈〉がその背後にあるように思われます。この「癖のある歩き方」は、当事者がみずからすすんでそういう歩き方をめざしていたわけではありません。ならば、その当事者の意図はまったく関係がない、まったくの偶然の産物なのでしょうか。いいえ、そうともいえないでしょう。当事者が望んだわけではけっしてない負傷などが初発にあります。この点は、本人にはコントロールしようがない、どうにもならない部分かと思います。そのうえで、その原因による身体のある部位の痛みなどを回避しようとする意志、そして本人も意識していない身体の反応などに基づいた細かな動きが積もり重なったために、結果として「癖のある歩き方」になっていくのではないでしょうか。

わたしたちが提起した〈生活－文脈〉自体もこのように生成し、そして、この〈生活－文脈〉を基盤としながら、わたしたちは話したり、動いたりしているとわたしは考えています。こう考えると、先で触れた理学療法士の方々にとってもまた、〈生活－文脈〉はまったく無関係な別次元の話ではなく、よりよい治療のためには、患者一人ひとりの〈生活－文脈〉理解が必要となるのではないでしょうか。

最後に、本書は二〇一一年から始まった〈生活－文脈〉理解研究会（研究会のみならず、もはや互助組織的な役割も担っていますが）の細々とした営みの成果であるとともに、二〇二一（令和三）年度〜二〇二三（令和五）年度科学研究費・挑戦的研究（萌芽）21K18519（研究代表者：宮内洋）によって世に生み出すことができました。それ以前の挑戦的萌芽研究25590128および基盤研究（C）18K02066の成果もまた含まれています。日本国内での研究活動が種々の意味で困難になっていることをひしひしと感じながら、科学研究費補助金によって本研究は活字化することができたといえます。

また、本書の出版においては、北大路書房の若森乾也さんに大変お世話になりました。当初の予定では、〈生活－文脈〉に基づく教職課程における教科書を企画していたのですが、若森さんの的確なアドバイスによって本書が生まれました。本書のあとには、いよいよ〈生活－文脈〉理解を重視した教職課程における教科書が北大路書房から出版される予定です。こちらもまた手に取っていただければ幸いです。

二〇二四年一月

著者を代表して　宮内 洋

文 献

まえがき

浅野 洋・芹澤光興・三嶋 譲［編］(2000).『芥川龍之介を学ぶ人のために』世界思想社

奥田道大・田嶋淳子［編］(1991).『池袋のアジア系外国人』めこん

奥田道大・田嶋淳子［編］(1993).『新宿のアジア系外国人』めこん

関口安義・庄司達也［編］(2000).『芥川龍之介全作品事典』勉誠出版

篠崎美生子 (2000).「蜜柑」 関口安義・庄司達也［編］『芥川龍之介全作品事典』勉誠出版，pp.535–538.

第1章

藤原辰史 (2018).『給食の歴史』岩波書店

Gesell, A. (1941). *Wolf child and human child: The life history of Kamala, the wolf girl*. London: Methuen.（生月雅子［訳］(1967).『狼にそだてられた子』家政教育社）

原田信男 (2020).『「共食」の社会史』藤原書店

川田 学 (2013).「自他関係の発達と離乳食」 根ヶ山光一・外山紀子・河原紀子［編］『子どもと食：食育を超える』東京大学出版会，pp.133–146.

川田 学・塚田−城みちる・川田暁子 (2005).「乳児期における自己主張性の発達と母親の対処行動の変容：食事場面における生後5ヶ月から15ヶ月までの縦断研究」『発達心理学研究』, *16*(1), 46–58.

菊地 暁 (2022).『民俗学入門』岩波書店

宮内 洋 (1999).「沖縄県離島部における幼稚園生活のエスノグラフィー的覚え書き」『北海道大学教育学部紀要』, *78*, 111–146.

宮内 洋 (2008).「〈生活−文脈主義〉の質的心理学」 無藤 隆・麻生 武［編］『育ちと学びの生成』（質的心理学講座1）東京大学出版会，pp.191–215.

宮内 洋 (2010).「はじめに」 宮内 洋・好井裕明［編］『〈当事者〉をめぐる社会学：調査での出会いを通して』北大路書房，pp.i–xi.

宮内 洋 (2012).「貧困と排除の発達心理学序説」『発達心理学研究』, *23*(4), 404–414.

宮内 洋 (2019).「幼稚園児の生活：降園後の行動を中心に」 根ヶ山光一・外山紀子・宮内 洋［編］『共有する子育て：沖縄多良間島のアロマザリングに学ぶ』金子書房，pp.102–112.

宮内 洋・好井裕明［編］(2010).『〈当事者〉をめぐる社会学：調査での出会いを通して』北大路書房

宮内 洋・松宮 朝・新藤 慶・石岡丈昇・打越正行（2014a）．「新たな貧困調査の構想のために：日本国内の貧困研究の再検討から」『愛知県立大学教育福祉学部論集』, *62*, 123–135.

宮内 洋・松宮 朝・新藤 慶・石岡丈昇・打越正行（2014b）．「貧困調査のクリティーク（1）：『豊かさの底辺に生きる』再考」『北海道大学大学院教育学研究院紀要』, *120*, 199–230.

宮内 洋・松宮 朝・新藤 慶・石岡丈昇・打越正行（2015）．「貧困調査のクリティーク（2）：『排除する社会・排除に抗する学校』から考える」『北海道大学大学院教育学研究院紀要』, *122*, 49–91.

宮内 洋・松宮 朝・新藤 慶・石岡丈昇・打越正行（2018）．「貧困調査のクリティーク（3）：『まなざしの地獄』再考」『北海道大学大学院教育学研究院紀要』, *131*, 33–54.

中根千枝（1970）．『家族の構造：社会人類学的分析』東京大学出版会

根ヶ山光一（2012）．『アロマザリングの島の子どもたち：多良間島子別れフィールドノート』新曜社

根ヶ山光一（2013）．「食としての母乳・人工乳と離乳」 根ヶ山光一・外山紀子・河原紀子［編］『子どもと食：食育を超える』東京大学出版会，pp.115–127.

根ヶ山光一（2021）．『「子育て」のとらわれを超える：発達行動学的「ほどほど親子」論』新曜社

根ヶ山光一・外山紀子・河原紀子［編］（2013）．『子どもと食：食育を超える』東京大学出版会

根ヶ山光一・外山紀子・宮内 洋［編］（2019）．『共有する子育て：沖縄多良間島のアロマザリングに学ぶ』金子書房

ロジャーズ, C. R.（1957）．『サイコセラピィの過程』（ロージャズ全集第4巻）岩崎学術出版社

榊原洋一（2013）．「妊娠中の食と子ども」 根ヶ山光一・外山紀子・河原紀子［編］『子どもと食：食育を超える』東京大学出版会，pp.97–113.

シング，J. A. L.（1977）．『狼に育てられた子：カマラとアマラの養育日記』（野生児の記録1）福村出版

鈴木光太郎（2008）．『オオカミ少女はいなかった：心理学の神話をめぐる冒険』新曜社

田村文誉（2013）．「摂食機能を構成するもの」 根ヶ山光一・外山紀子・河原紀子［編］『子どもと食：食育を超える』東京大学出版会，pp.39–41.

天畠大輔（2021）．『〈弱さ〉を〈強み〉に：突然複数の障がいをもった僕ができること』岩波書店

外山紀子（2008）．『発達としての〈共食〉：社会的な食のはじまり』新曜社

第２章

Bourdieu, P. (2002). *Le bal des célibataires: Crise de la société paysanne en Béarn.* Paris: Seuil.（丸山 茂・小島 宏・須田文明［訳］(2007).『結婚戦略：家族と階級の再生産』藤原書店）

劉 振業（2019).「「負の賭博」を「正の賭博」に：中国広州市におけるX社区「星光老年の家」の麻雀賭博の事例から」『コンタクト・ゾーン』, *11*, 172–206.

西原理恵子（2008).『この世でいちばん大事な「カネ」の話』理論社

打越正行（2016).「暴走族のパシリになる：「分厚い記述」から「隙のある調査者による記述」へ」 前田拓也・秋谷直矩・朴 沙羅・木下 衆［編著］『最強の社会調査入門：これから質的調査をはじめる人のために』ナカニシヤ出版, pp.86–99.

打越正行（2018).「接待する建設業者／口説き落とすヤミ業者：沖縄のヤンキーの若者と地元・仕事・キャバクラ」 川端浩平・安藤丈将［編著］『サイレント・マジョリティとは誰か：フィールドから学ぶ地域社会学』ナカニシヤ出版, pp.63–86.

打越正行（2019).『ヤンキーと地元：解体屋，風俗経営者，ヤミ業者になった沖縄の若者たち』筑摩書房

打越正行（2019–2020).『沖縄タイムス「うちなぁ見聞録」』沖縄タイムス社

打越正行（2020).「ヤンキーうちなーぐちの言語社会学試論」『南島文化』, *43*, 43–81.

打越正行（2023).「パシリとしての参与観察：つかえる部外者から，つかえない内部関係者へ」『理論と動態』, *16*, 32–50.

Whyte, W. F. (1993). *Street corner society: The social structure of an Italian slum* (4th Ed.). Chicago: University of Chicago Press.（奥田道大・有里典三［訳］(2000).『ストリート・コーナー・ソサエティ』有斐閣）

第２章　補論

阿部謹也（2007).『自分のなかに歴史をよむ』筑摩書房

宮内 洋（1999).「私はあなた方のことをどのように呼べば良いのだろうか？　在日韓国・朝鮮人？　在日朝鮮人？　在日コリアン？　それとも？：日本のエスニシティ研究における〈呼称〉をめぐるアポリア」『コリアン・マイノリティ研究』, *3*, 5–28.（のちに，宮内洋『体験と経験のフィールドワーク』(2005年，北大路書房）に収録）

宮内 洋（2019).「幼稚園児の生活：降園後の行動を中心に」 根ヶ山光一・外山紀子・宮内 洋［編］『共有する子育て』金子書房，pp.102–112.

新原道信（1995).「"移動民"の都市社会学："方法としての旅"をつらねて」 奥田道大［編］『コミュニティとエスニシティ』(21世紀の都市社会学2）勁草書房，pp.261–298.

打越正行（2018a）．「つくられたしーじゃ・うっとぅ関係：沖縄の建設業の社会史」『解放研究』, *24*, 47–67.

打越正行（2018b）．「「先生かどうかわからない人」が教えてくれた他者への想像力の磨き方：いまも忘れられない大学の講義」『現代ビジネス』（2018年12月13日）〈https://gendai.ismedia.jp/articles/-/58702〉（2024年1月9日閲覧）

打越正行（2019）．『ヤンキーと地元：解体屋，風俗経営者，ヤミ業者になった沖縄の若者たち』筑摩書房

打越正行（2020）．「沖縄のヤンキーの若者と地元：建設業と製造業の違いに着目して」『平和研究』, *54*, 71–90.

第３章

足立重和（2018）．「生活環境主義再考：言い分論を手がかりに」 鳥越皓之・足立重和・金菱 清［編］『生活環境主義のコミュニティ分析：環境社会学のアプローチ』ミネルヴァ書房，pp.1–22.

有賀喜左衛門（1968）．『村の生活組織』（有賀喜左衛門著作集Ⅴ）未来社

榛名21世紀の会（2009）．『扉からドラマ：榛名・高崎合併をめぐる住民運動1000日の記録』

平野敏政（2000）．「生活組織と全体的相互給付関係：有賀「家」理論の基礎概念」『三田社会学』, *5*, 76–81.

熊谷苑子（2021）．『有賀喜左衛門：社会関係における日本的性格』東信堂

大谷信介（2015）．「鈴木栄太郎が憂いていた「市町村合併政策」」 大谷信介・山下祐介・笹森秀雄『グローバル化時代の日本都市理論：鈴木栄太郎『都市社会学原理』を読み直す』ミネルヴァ書房，pp.130–155.

新藤 慶（2012）．「住民運動の生成・展開と地域権力構造：住民の「労働－生活世界」に着目して」（北海道大学大学院教育学研究科博士学位論文）

鈴木榮太郎（1968）．『日本農村社会学原理』（鈴木榮太郎著作集Ⅰ）未来社

鈴木榮太郎（1969）．『都市社会学原理』（鈴木榮太郎著作集Ⅵ）未来社

高崎市・榛名町合併協議会［編］（2006）．『新市基本計画　平成18年度～平成27年度』

高崎市市長公室広報公聴課（2009）．『高崎市勢要覧2009』

鳥越皓之・足立重和・金菱 清［編］（2018）．『生活環境主義のコミュニティ分析：環境社会学のアプローチ』ミネルヴァ書房

山室敦嗣（1998）．「原子力発電所建設問題における住民の意思表示：新潟県巻町を事例に」『環境社会学研究』, *4*, 188–203.

山崎仁朗（2015）．「鈴木榮太郎における自然村理解の転回過程について」『村落社会研究』, *22*(1), 37–46.

第4章

足立重和（2018）.「生活環境主義再考」 鳥越皓之・足立重和・金菱 清［編著］『生活環境主義のコミュニティ分析：環境社会学のアプローチ』ミネルヴァ書房，pp.1-22.

天田城介（2010）.『〈老い衰えゆくこと〉の社会学 増補改訂版』多賀出版

Germain, C. B., & Gitterman, A. (1996). *The life model of social work practice: Advances in theory & practice*. New York: Columbia University Press.（田中禮子・小寺全世・橋本由紀子［訳］（2008）.『ソーシャルワーク実践と生活モデル 上・下』ふくろう出版）

原田 謙（2020）.『「幸福な老い」と世代間関係：職場と地域におけるエイジズム調査分析』勁草書房

原田 謙（2022）.「ウィズコロナ・ポストコロナ時代における「幸福な老い」」『生きがい研究』, *28*, 4-15.

Hartman, A. (1978). Diagrammatic assessment of family relationships. *Social Casework, 59*(8), 465-476.

鉾丸俊一（2018）.「家族関係の貧困とその現状」 結城康博・嘉山隆司（編著）『高齢者は暮らしていけない』岩波書店，pp.59-74.

石田光規（2018）.『孤立不安社会：ながりの格差，承認の追求，ぼっちの恐怖』勁草書房

松宮 朝（2010）.「「当事者ではない」人間に何ができるのか？」 宮内 洋・好井裕明［編著］『〈当事者〉をめぐる社会学』北大路書房，pp.67-86.

松宮 朝（2022）.『かかわりの循環：コミュニティ実践の社会学』晃洋書房

宮内 洋（2009）.「インタビューにおける語りの扱いの相違」『質的心理学フォーラム』, *1*, 58-65.

内閣府［編］（2021）.『令和3年度高齢社会白書』

中井久夫（2011）.『世に棲む患者』筑摩書房

中井久夫（2017）.「世に棲む老い人」『家族の表象』（中井久夫集2）みすず書房，pp.308-330.

呉 獨立（2021）.『「孤独死現象」の社会学：実在，言説，そしてコミュニティ』成文堂

岡本民夫（2009）.「ソーシャルワークの新しい展開」 岡本民夫・平塚良子［編著］『新しいソーシャルワークの展開』ミネルヴァ書房，pp.2-27.

Oldenburg, R. (1997). *The great good place: Cafés, coffee shops, bookstores, bars, hair salons, and other hangouts at the heart of a community*. Cambridge, MA: Da Capo Press.（忠平美幸［訳］（2013）.『サードプレイス：コミュニティの核になる「とびきり居心地よい場所」』みすず書房）

斉藤雅茂（2018）.『高齢者の社会的孤立と地域福祉：計量的アプローチによる測定・評価・予防策』明石書店

杉野昭博（2012）.「ソーシャルワーク理論史からみた生活モデル」日本社会福祉学会［編］『ソーシャルワークの思想』（対論社会福祉学4）中央法規出版，pp.152–173.

鈴木榮太郎（1969）.『都市社会学原理』（鈴木榮太郎著作集Ⅵ）未来社

吉川順子（2022）.「加齢による孤立が襲う高齢期の生活」 新井康友・松田尚子・渡辺慎介・吉川順子・石田史樹［編］『社会的孤立死する高齢者たち：誰もが陥る可能性を避けるために』日本機関紙出版センター，pp.29–50.

鷲田清一（2015）.『老いの空白』岩波書店

終 章

堀川惠子（2009）.『死刑の基準：「永山裁判」が遺したもの』日本評論社

堀川惠子（2013）.『永山則夫：封印された鑑定記録』岩波書店

丸山里美（2013）.『女性ホームレスとして生きる：貧困と排除の社会学』世界思想社

見田宗介（1973）.「まなざしの地獄：都市社会学への試論」『展望』，*173*, 98–119.

見田宗介（2008）.『まなざしの地獄：尽きなく生きることの社会学』河出書房新社

宮内 洋（2008）.「〈生活－文脈主義〉の質的心理学」 無藤 隆・麻生 武［編］『育ちと学びの生成』（質的心理学講座1）東京大学出版会，pp.191–215.

宮内 洋（2015）.「貧困研究とトラウマ：もう一つの『まなざしの地獄』」『理論と動態』，*8*, 129–142.

宮内 洋（2017a）.「永山則夫の「自伝的小説」における「頬の傷」と「戸籍謄本」をめぐる記述」『群馬県立女子大学国文学研究』，*37*, 111–127.

宮内 洋（2017b）.「『異水』論序説：永山則夫の「自伝的小説」を起点とする幾つかの可能性について」平成29年度群馬県立女子大学国語国文学会大会配布資料

宮内 洋・松宮 朝・新藤 慶・石岡丈昇・打越正行（2018）.「貧困調査のクリティーク（3）：『まなざしの地獄』再考」『北海道大学大学院教育学研究院紀要』，*131*, 33–54.

東京都労働局総務部調査課（1958）.『学校卒業者離職状況調査報告（労働調査資料№18）』

山口 覚（2016）.『集団就職とは何であったか：〈金の卵〉の時空間』ミネルヴァ書房

新藤 慶（しんどう・けい）　担当章：第3章

群馬大学共同教育学部准教授

【主著・論文】

『教える・学ぶ：教育に何ができるか』（分担執筆）（明石書店，2019年）

『〈つながり〉の戦後史：尺別炭砿閉山とその後のドキュメント』（共著）（青弓社，2020年）

「在留外国人の子どもの教育からみた多文化共生社会：群馬県大泉町におけるブラジル人の事例を中心に」『現代社会学研究』, *35*, 39–60.（2022年）

『戦後日本の出発と炭鉱労働組合：夕張・笠嶋一日記 1948–1984年』（共著）（御茶の水書房，2022年）

『芦別：炭鉱〈ヤマ〉とマチの社会史』（分担執筆）（寿郎社，2023年）

打越正行（うちこし・まさゆき）　担当章：第2章，第2章補論

和光大学現代人間学部専任講師

【主著・論文】

『ヤンキーと地元：解体屋，風俗経営者，ヤミ業者になった沖縄の若者たち』（筑摩書房，2019年）

『地元を生きる：沖縄的共同性の社会学』（共著）（ナカニシヤ出版，2020年）

「パシリとしての参与観察：つかえる部外者から，つかえない内部関係者へ」『理論と動態』, *16*, 32–50.（2023年）

執筆者紹介

宮内 洋（みやうち・ひろし）　担当章：まえがき，第１章，終章，あとがき

群馬県立女子大学文学部教授

【主著・論文】

『エスノメソドロジーの想像力』（共著）（せりか書房，1998年）

『体験と経験のフィールドワーク』（北大路書房，2005年）

『質的心理学講座1　育ちと学びの生成』（共著）（東京大学出版会，2008年）

『〈当事者〉をめぐる社会学：調査での出会いを通して』（共編著）（北大路書房，2010年）

「貧困と排除の発達心理学序説」『発達心理学研究』, *23*, 404–414.（2012年）

『共有する子育て：沖縄多良間島のアロマザリングに学ぶ』（共編著）（金子書房，2019年）

松宮 朝（まつみや・あした）　担当章：第４章

愛知県立大学教育福祉学部教授

【主著・論文】

『食と農のコミュニティ論：地域活性化の戦略』（共編著）（創元社，2013年）

『計画化と公共性』（共著）（ミネルヴァ書房，2017年）

『人口問題と移民：日本の人口・階層構造はどう変わるのか』（共著）（明石書店，2019年）

『かかわりの循環：コミュニティ実践の社会学』（晃洋書房，2022年）

The bottom worker in East Asia: Composition and transformation under neoliberal globalization.（共著）（Brill, 2023年）

〈生活－文脈〉理解のすすめ
——他者と生きる日常生活に向けて

2024年 5月 20日 初版第1刷発行

著　者　宮内　洋
松宮　朝
新藤　慶
打越正行

発行所　㈱北大路書房
〒603-8303　京都市北区紫野十二坊町12-8
電話代表　(075) 431-0361
ＦＡＸ　(075) 431-9393
振替口座　01050-4-2083

編集・制作／（株）灯光舎
装丁／こゆるぎデザイン
印刷・製本／創栄図書印刷（株）
落丁・乱丁本はお取り替えいたします。
定価はカバーに表示してあります。
Printed in Japan
ISBN978-4-7628-3254-3